D1702848

Engelhorn Bücherei

KLEINE GESCHICHTEN
FÜR BERGFREUNDE

Gesammelt
von Stefan Frühbeis und
Roger Gerhardy

Engelhorn Verlag
Stuttgart

© 1991 Engelhorn Verlag, Stuttgart

INHALT

- 7 MARK TWAIN
  Die Besteigung des Riffelbergs
- 18 HEINRICH NOÉ
  Im Vorzimmer der Berge
- 26 FRANZ NIEBERL
  Eignung zum Klettern
- 29 ALEXANDER VON HUMBOLDT
  Zum Gipfel des Chimborazo
- 34 JOHANN WOLFGANG VON GOETHE
  Montblanc–Montenvers
- 41 JOST PERFAHL Die Teufelsbrücke
- 44 BETTINA VON ARNIM
  Ankunft in Salzburg
- 47 LUDWIG STEUB Auf der Alm I
- 53 FRIEDRICH NIETZSCHE Sils Maria
- 55 TITUS LIVIUS
  Hannibal zieht über die Alpen
- 61 FRANCESCO PETRARCA
  Die Besteigung des Mont Ventoux
- 69 STEFAN FRÜHBEIS
  Grußpflicht am Berg

- 73 ÄTHERIA VON AQUITANIEN
  Der Berg Gottes
- 78 JOST PERFAHL
  König Watzmann
- 82 JOHANN SPORSCHIL
  Wanderungen durch die
  Sächsische Schweiz
- 88 JOSIAS SIMLER
  Die Gefahren der Alpen
- 93 HIAS REBITSCH
  In der Goldkappel-Südwand
- 99 ROGER GERHARDY
  Bei den Patenkindern des Himmels
- 109 LEONARDO DA VINCI
  Auf dem Monboso
- 110 ULRICH AUFMUTH
  Der Technokrat
- 114 WILFRIED SCHWEDLER
  Die Himmelsstürmer
- 123 HEINRICH NOÉ
  Der Mordskerl und der Wilderer
- 132 KARL STIELER
  Auf der Alm II

- 142 Quellennachweis

Mark Twain

Die Besteigung des Riffelbergs

Nachdem ich meine Lektüre beendet hatte, war ich völlig außer mir; ich war durch die fast unglaublichen Gefahren und Abenteuer, die ich mit meinen Autoren durchgemacht, und die Triumphe, die ich mit ihnen geteilt hatte, verzückt, erhoben, berauscht. Eine Zeitlang saß ich still da, wandte mich dann zu Harris und sagte: »Mein Entschluß ist gefaßt.«

Etwas in meiner Stimme ließ ihn aufhorchen; und als er mir ins Auge geblickt und gelesen hatte, was darin geschrieben stand, erbleichte er sichtlich. Er zögerte einen Augenblick und sagte dann: »Sprich.«

Ich antwortete vollkommen ruhig: »Ich werde den Riffelberg besteigen.«

Wenn ich meinen armen Freund erschossen hätte, wäre er nicht schneller vom Stuhl gekippt. Wenn ich sein Vater gewesen wäre, hätte er mich nicht dringlicher bitten können, um mich zur Aufgabe meines Vorhabens zu bringen. Aber ich hatte für alles, was er sagte, ein taubes Ohr. Als er schließlich erkannte, daß an meinem Entschluß nichts mehr zu ändern war, drängte er nicht weiter, und eine Zeitlang wurde die tiefe Stille nur durch sein Schluchzen unterbrochen. Ich saß in marmorner Entschlossenheit da, den Blick ins Leere gerichtet; denn im Geiste rang ich bereits mit den Gefahren der Berge, und mein Freund saß da und blickte mich mit anbetender Bewunderung durch seine Tränen hindurch an. Endlich

»Also schön,
wir fahren in den Ferien ins Gebirge.«

warf er sich in liebevoller Umarmung auf mich und rief mit gebrochener Stimme:

»Dein Harris wird dich niemals verlassen. Laß uns zusammen sterben!«

Ich heiterte den edlen Burschen mit Lobreden auf, und bald waren seine Befürchtungen vergessen und er brannte auf das Abenteuer.

Wie es in Zermatt üblich ist, wenn eine große Besteigung unternommen werden soll, legten alle, Einheimische und Fremde, ihre eigenen Vorhaben beiseite und suchten sich einen günstigen Platz, um den Aufbruch zu beobachten. Die Expedition bestand aus 198 Personen einschließlich der Maultiere beziehungsweise 205 einschließlich der Kühe. Und zwar:

Führungsstab	Untergeordnete Dienste
Ich	1 Tierarzt
Mr. Harris	1 Haushofmeister
17 Bergführer	12 Kellner
4 Wundärzte	1 Lakai
1 Geologe	1 Barbier
1 Botaniker	1 Küchenmeister
3 Feldprediger	9 Gehilfen
2 Kartenzeichner	4 Konditoren
15 Büfettiers	1 Zuckerbäcker
1 Latinist	

Transportwesen etc.

27 Träger	3 Wäscher und Plätter
44 Maultiere	für Grobwäsche
44 Maultiertreiber	1 dto. für Feinwäsche
	7 Kühe
	2 Melker

Insgesamt 154 Menschen, 51 Tiere,
Summa 205.

Proviant ect.   *Ausrüstung*

- 16 Kisten Schinken
- 2 Fässer Mehl
- 22 Fässer Whisky
- 1 Faß Zucker
- 1 Fäßchen Zitronen
- 2000 Zigarren
- 1 Faß Pasteten
- 1 Tonne Pemmikan
- 143 Paar Krücken
- 2 Fässer Arnika
- 1 Ballen Verbandszeug
- 27 Fäßchen Opiumtinktur

- 25 Sprungfedermatratzen
- 2 Roßhaar dto.
- Bettwäsche für dieselben
- 2 Moskitonetze
- 29 Zelte
- Wissenschaftliche Instrumente
- 97 Eispickel
- 5 Kisten Dynamit
- 7 Büchsen Nitroglyzerin
- 22 Leitern je 40 Fuß
- 2 Meilen Seil
- 154 Regenschirme

Es wurde fast vier Uhr nachmittags, bis meine Kavalkade gänzlich bereit war. Um diese Zeit begann sie, sich in Bewegung zu setzen. Was Teilnehmerzahl und pompösen Aufwand betrifft, war es die imposanteste Expedition, die jemals von Zermatt aufgebrochen war.

Als der Zug in zwangloser Haltung dastand, zusammengeseilt und marschfertig, bot er einen so schönen Anblick, wie ich noch nie einen gesehen hatte. Er war 3122 Fuß lang – über eine halbe Meile; jeder Mann außer Harris und mir war zu Fuß und hatte seinen grünen Schleier um, seine blaue Schutzbrille auf, den weißen Fetzen um den Hut, die Rolle Seil über der einen und unter der anderen Schulter und seinen Eispickel im Gürtel, und jeder trug seinen Alpenstock in der linken Hand, den (zugeklappten) Schirm in der rechten und seine Krücken über den Rücken gehängt. Edelweiß und Alpenrose schmückten die Lasten der Tragtiere und die Hörner der Kühe.

Ich und mein Agent waren die einzigen Berittenen. Wir hatten den gefährlichen Posten in der äußersten Nachhut inne und waren fest an je fünf Bergführer angeseilt. Unsere Knappen trugen die Eispickel, Alpenstöcke und andere Geräte für uns. Wir saßen auf sehr kleinen Eseln, was eine Sicherheitsmaßnahme darstellte; in Zeiten der Gefahr konnten wir die Beine ausstrecken und die Esel unter uns fortlaufen lassen. Dennoch kann ich diese Tiergattung nicht empfehlen – jedenfalls nicht für reine Vergnügungsausflüge –, denn ihre Ohren behindern die Aussicht. Ich und mein Agent besaßen zwar die vorschriftsmäßige Bergsteigertracht, beschlossen aber, sie zurückzulassen. Aus Achtung gegenüber der großen Zahl von Touristen beiderlei Geschlechts, die vor den Hotels versammelt waren, um uns vorüberziehen zu sehen, und auch aus Achtung gegenüber den vielen Touristen, denen wir auf unserer Expedition zu begegnen erwarteten, beschlossen wir, die Besteigung im Abendanzug durchzuführen.

Fünfzehn Minuten nach vier Uhr gab ich den Befehl zum Abmarsch, und meine Untergebenen gaben ihn die Reihe entlang weiter. Die große Menschenmenge vor dem Monte-Rosa-Hotel teilte sich, als der Zug nahte, mit einem Hochruf in zwei Hälften, und als seine Spitze vorbeizog, befahl ich: »Schirme fertig – Schirm pflanzt – auf!«, und mit einem Schlage ging meine halbe Meile Schirm hoch. Es war ein wunderschöner Anblick und für die Zuschauer eine vollendete Überraschung. Noch nie zuvor hatte man in den Alpen so etwas gesehen.

Gegen Einbruch der Nacht, als wir ziemlich erschöpft waren, stießen wir auf einen Felsen, so groß wie ein Bauernhaus. Dieses Hindernis nahm den Männern den letzten Mut und führte zu einem Ausbruch von Furcht und Verzweiflung. Sie seufzten, weinten und sagten, sie würden ihr Heim und ihre Lieben nie mehr wiedersehen. Dann fingen sie an, mir Vorwürfe zu machen, weil ich sie auf diese verhängnisvolle Expedition geführt hätte. Einige stießen sogar Drohungen gegen mich durch die Zähne. Eine Zeitlang waren wir in Verlegenheit; dann dachte jemand an die Leitern. Man legte eine an den Felsen, und die Männer stiegen, zu zweien zusammengeseilt hinauf. Eine weitere Leiter wurde hinaufgebracht, die man beim Abstieg verwenden wollte. Nach einer halben Stunde waren alle drüben, und dieser Felsen war besiegt. Wir ließen unseren ersten großen Triumphschrei erschallen. Aber die Freude war von kurzer Dauer, denn jemand fragte, wie wir die Tiere hinüberkriegen wollten.

Das war eine ernstliche Schwierigkeit; tatsächlich war es eine Unmöglichkeit. Sofort begann der Mut der Leute zu wanken; wieder drohte uns eine Panik. Im Augenblick der höchsten Gefahr wurden wir auf geheimnisvolle Weise gerettet. Ein Maultier, das von Anfang an durch seinen Hang zu Experimenten aufgefallen war, versuchte, eine Fünfpfundbüchse Nitroglyzerin zu fressen. Das geschah direkt neben dem Felsen. Die Explosion schleuderte uns alle zu Boden und bedeckte uns mit Schmutz und Schutt; sie erschreckte uns auch gewaltig, denn der Krach war betäubend, und die Erde erbebte von dem heftigen Stoß. Aber wir waren doch froh, denn der Felsen war weg. Seinen Platz nahm ein neu entstandener Keller ein, der etwa dreißig Fuß Durchmesser und fünfzehn Fuß Tiefe aufwies. Die Detonation war bis Zermatt zu hören gewesen, und anderthalb Stunden später wurden viele Bürger dieser Stadt von herabfallenden Stücken hartgefrorenen Maultierfleisches niedergeschlagen und ziemlich schwer verletzt. Das zeigt deutlicher als jede Zahlenangabe, wie hoch der Experimentator geflogen war.

Der nächste Morgen brachte ernste Schwierigkeiten, aber unser Mut war groß, denn unser Ziel war nahe. Zu Mittag besiegten wir das letzte Hindernis – endlich standen wir auf dem Gipfel, ohne Verlust eines einzigen Mannes, außer dem Maultier, welches das Nitroglyzerin gefressen hatte. Unsere große Heldentat war vollbracht – wir hatten das Unmögliche möglich gemacht, und Harris und ich schritten stolz in den großen Speisesaal des Riffelberghotels und stellten unsere Alpenstöcke in der Ecke ab.

Ja, ich hatte den großen Aufstieg bewältigt; aber es war ein Fehler gewesen, ihn im Abendanzug zu unternehmen. Die Angströhren waren zerbeult, die Schwalbenschwänze flatterten in Lumpen, der Schmutz trug nicht zu unserer Schönheit bei, der allgemeine Eindruck war unerfreulich und sogar anstoßerregend.

Es waren etwa fünfundsiebzig Touristen im Hotel – hauptsächlich Damen und kleine Kinder –, und sie hießen uns bewundernd willkommen, was uns für alle unsere Entbehrungen und Leiden entschädigte. Der Aufstieg war bewältigt, und die Namen und Daten sind jetzt dort auf einem steinernen Denkmal verewigt, um es allen zukünftigen Touristen zu verkünden.

Die Fachleute stimmen darin überein, daß man von keinem anderen erreichbaren Punkt aus ein so ungeheures Panorama von schneeiger, alpiner Größe, Hoheit und Erhabenheit zu sehen bekommt, wie sie der Tourist vom Gipfel des Riffelbergs aus überblicken kann. Deshalb mag sich der Tourist nur anseilen und dort hinaufklettern, denn ich habe bewiesen, daß die Sache mit Mut, Vorsicht und Vernunft zu machen ist.

Ein Reisehandbuch ist ein kurioses Ding. Soeben hat der Leser erfahren, was ein Mensch durchmachen muß, der den großen Aufstieg von Zermatt zum Riffelberghotel unternimmt. Baedeker jedoch erteilt in dieser Angelegenheit die folgenden befremdlichen Auskünfte:

1. Entfernung – drei Stunden.
2. Der Weg ist nicht zu verfehlen.
3. Bergführer nicht erforderlich.
4. Entfernung vom Riffelberghotel bis zum Gornergrat – anderthalb Stunden.
5. Besteigung einfach und bequem. Bergführer nicht erforderlich.
6. Höhe Zermatts über dem Meeresspiegel – 5315 Fuß.
7. Höhe des Riffelberghotels über dem Meeresspiegel – 8429 Fuß.
8. Höhe des Gornergrates über dem Meeresspiegel – 10 289 Fuß.

Ich habe diese Irrtümer recht wirksam abgestellt, indem ich ihm die folgenden bewiesenen Daten sandte:

1. Entfernung von Zermatt zum Riffelberghotel – sieben Tage.
2. Der Weg *ist* zu verfehlen. Wenn ich der erste bin, dem das gelungen ist, so will ich auch die Ehre dafür einheimsen.
3. Bergführer *sind* erforderlich, denn nur ein Einheimischer kann die Wegweiser lesen.
4. Die Schätzung der Höhe der verschiedenen Örtlichkeiten über dem Meeresspiegel ist ziemlich genau – für Baedeker. Er irrt sich nur um etwa 180 000 bis 190 000 Fuß.

Heinrich Noé

Im Vorzimmer der Berge

Panorama
aus dem Jahre 1870

Das Vorland der Alpen muß man im schönen Mai oder Juni um die lustige Zeit des Pfingst- oder Fronleichnamsfestes besuchen, wenn die Wälder im frischesten Grün dastehen und über ihre Wipfel sich blau und weiß das Gebirg erhebt. Letztere Farbe verschwindet immer mehr, je weiter der Sommer vorrückt, und schließlich haftet sie nur auf wenigen besonders hervorragenden Zinnen.

Schauen wir einmal nach, wie bei einem solchen Gang von der Ebene in die Berge hinein sich der sommerliche Frühling gestaltet.

Wenn man von Holzkirchen nach Tölz geht (und ich lade meine Leser zu einer Fußwanderung dahin ein), so steht sofort vor dem ersteren Marktflecken ein Panorama der bayerischen Berge da. Wenn man bedenkt, daß Holzkirchen mehr als 2100 Fuß über dem Meere liegt und sich von ihm an gegen Südosten, gegen die Innpforte hin, das Land senkt, so begreift man, daß man auf einer Warte steht. Von den Chiemseebergen an bis zu denen, aus welchen die Amper hervorbricht, und noch weiter gegen Westen breitet sich die blaue, oben eingeschnittene und ausgezackte Mauer aus. Noch sind die Zinnen verschneit, selbst auf den bescheidenen Tegernseer Wallberg hinab langt noch der Winter...

Die gewöhnlichen Reisehandbücher sind schlecht auf unseren Weg zu sprechen. Sie nennen denselben langweilig. Ich finde im Gegenteile, daß die schrittweise Annäherung an die Berge und die allmähliche Entwicklung des Besonderen aus dem anfänglichen, weitreichenden Gesamtüberblicke viele anziehen wird. Zugleich spenden die Wälder an vielen Stellen Schatten. In einem dieser Waldgebiete liegt Dietramszell versteckt, wo junge Mädchen in vorsorglicher Pflege der Lehrerinnen heranwachsen – in freier Waldluft auf Salon und Kinderstube vorbereitet.

Die Dörfer wie Großhartpenning oder Saxenkam haben hier nicht das lustige Aussehen wie weiter drinnen in den Bergen. Doch entwickelt sich auch da schon manche menschliche Staffage, die zu den blauen Bergen paßt. Da steht ein hübsches Mädchen, das gegen Holzkirchen wandert, um mit der Eisenbahn in die Stadt zu fahren, mit ihrem Bündelchen auf der Straße und scherzt mit den Wegmachern, welche sie wohlgefällig betrachten. Sie trägt den Tegernseer Hut mit reicher Goldquaste verziert und auch die Goldverzierung auf dem Mieder zeigt, daß sie nicht armer Leute Kind ist. »Geh, zahl a Maß!« sagen die durstigen Wegmacher, und das Mädchen greift in die Tasche und sagt: »Auf a Maß kommt's mir nit an!«

Zu Saxenkam darf man nicht in ein Wirtshaus einkehren, wenn man nicht von Prügeln und Raufen hören will. So auch heute. Ein halbes Dutzend Tiroler ist soeben mit blutigen Köpfen heimgeschickt worden. Die königlich-bayerischen Behörden haben mit diesen Rekken viel zu tun. Sie erscheinen in den Kanzleipapierannalen der Gerichte nicht nur als Raufer, sondern auch als Wildschützen und Haberer. Hier ist der klassische Boden voralplerischer Hünenhaftigkeit. Was das Haberfeldtreiben anbelangt, so ist es in neuerer Zeit durch scharfe Maßregeln, Einlegen von Soldaten ins Dorf, Einberufung sämtlicher Beurlaubten des ganzen Bezirkes und ähnliche Zwangsmittel des Rechtsstaates schier unterdrückt worden – das Raufen aber blüht fort. Wurde doch die Angelegenheit der mit Messern arg zerfetzten

Tiroler von den im Wirtshaus Anwesenden mit den epischen Worten besprochen: »Fleisch is g'macht worden.« Hier muß der Arzt vor allem ein guter Chirurg sein.

Neben Saxenkam erhebt sich auf einem Hügel das Kloster Reitberg, an welchem Durstige nicht vorübergehen sollen, weil in den kühlen Kellern das beste Bier weit und breit lagert. (...)

Bei Tölz erreicht man die Isar. Wenn man an ihr aufwärts gegen Länggries hingeht, so treten allmählich die Berge hinter einem zusammen. Zur Rechten erscheinen Brauneck und der krumme Rücken der Benediktenwand – welch letztere niemand zu besteigen unterlassen soll, der die bayerischen Seen und die vereisten Berge der Zentralalpen zu gleicher Zeit überschauen will. Im übrigen ist das Tal zwischen Länggries und Tölz ziemlich gleichförmig. Nur die Isar belebt es, die zwischen den von ihr mitgebrachten weißen Kiesinseln lichtblau dahinströmt, mit diesem Wasser und den Weidenauen so eigentümliche Bilder zusammenstellend, wie von solcher Grellheit der Farben kein anderer Kalkalpenstrom. Daneben liegen oft große Stämme, die bald in eine der Flußverzweigungen zwischen den weißen Kiesbänken hineingerollt und hinab zu den großen Städten gesteuert werden. Manchmal steigt auch aus dem Auengestrüpp der Rauch eines Kohlenmeilers auf. Leider treiben hier schwäbische Sägen ihr waldverwüstendes Handwerk. (...)

Wenn am hellen Frühsommernachmittage der Mond einem bleichen Wölkchen ähnlich durch die Ahorne scheint, mitten in die Zaungasse (denn eine solche ist dort der Fahrweg) die fernen verschneiten Gipfel des oberen Isartales hereinschauen, überall das Geläute der Rinder aus den Flußauen dringt, der Bergstrom an den aus Weiden und Steinblöcken zusammengesetzten, in ihn eingerammten Wehren aufschäumt, im Wald die hohe Rauchsäule der Köhler aufsteigt, das »Heimvieh« im Schatten der Ahorne am Ufer sich der Kühlung vom strudelnden Wasser erfreut: so ist das wohl ein Alpenbild, an dem man sein Vergnügen hat. (. . .)

Hie und da sieht man im Walde eine »Martersäule«, oft mit dem Bilde des für diese Täler wichtigsten aller Heiligen, des heiligen Leonhard, Schutzpatrons der Rinder, versehen – dann wird wieder geraume Strecken weit die grüne Waldeinöde nur von einem Holzstoß oder Rindenhaufen unterbrochen. (. . .)

Fall liegt in ziemlich weitem Tale. Ahorne stehen auf der Au, und blaugrün rauscht die Isar dem Engpaß grauer Felswände zu. An manchen Stellen deckt auch nur Legföhrengestrüpp den Schotteranger, an anderen wieder Jungwald, in welchem Rehe ihr Wesen treiben, denn hier und gar in Vorderriß ist der wahre Jagdboden zwischen Inn und Lech. Der Rasenplatz gleich hinter dem Faller Wirtshaus ist besonders schön und ein lustiges Bild aus dem Bergland der Bayern: Als ich ihn zum letzten Mal sah, klingelte eine Viehherde vorüber, die zur blaudustigen Alp zog, von deren höheren Matten noch der Schnee herabglänzte – in allen Schattierungen grünte die Welt, die Buche wölbte ihr lichtes Dach, der Kuckuck rief, und eine Schießscheibe stand auf dem Rasen und gemahnte an die Sonntagsfreuden der Jäger. Ist da in unseren deutschen Bergen mit ihrem Wald, mit ihren guten Triften, ihrem hellen Wasser und ihrem Wild nicht eine Welt von Kraft und Herrlichkeit gegenüber den wälschen verwüsteten Landschaften, wo nichts mehr steht, was nicht der Mensch gepflanzt hätte, wo das Gebirge kahl, die Wasser kümmerlich und verderbt, die freilebenden Tiere vernichtet sind? Die Dichtung des Bayernlandes geht dem Fremdling da in den Waldschluchten der Isar auf.

Es ist hier eine stille Einöde, »in der Aue« geheißen. Man kann, weil das Isartal ganz unbewohnt ist, von Fall bis Walgau gehen ohne einem Menschen zu begegnen. Auch von Fuhrwerken wird die Straße wenig benutzt – Zeugnis dafür die gelben Löwenzahnstreifen, die sich an vielen Stellen derselben in der Mitte angesiedelt haben.

Um Riß herum, wo eine gute Herberge steht und der Bach aus der tirolischen Hinterriß oft groß und schneemilchig herauskommt, ist die wildreichste Gegend. Man hört nur von Hirschen, Rehen und Raubvögeln reden, wenn man unter die Jäger gerät. Hie und da sieht man wohl einen Fischer, der am weißen Kiesstrand Forellen nachgeht, oder begegnet einem Fuhrmann, der Bretter, Kohlen, Holz hinausfährt, im ganzen aber ist große Stille.

Hier, wo schon Zugspitze und andere Kämme des Wettersteingebirges, teilweise von grünen Vorstaffeln verdeckt, sichtbar werden, lockte schon vor vierhundert Jahren Waldruhe fürstliche Jäger. Schon im fünfzehnten Jahrhundert stand da ein Jagdhaus in der Rodung.

Es ist die eigentliche Waidmannsaue des bayerischen Gebirges.

Hier blühen von Ackerbau und anderer menschlicher Störung ungehindert durch das ganze Tal und neben dem Wege hin die Alpenblumen der Vorlande – im Mai ist alles rot und blau von der mehligen Primel und der stiellosen Enziane. Und wenn man sich endlich Walgau nähert, so erscheint, was schon vor Riß aus sichtbar war, das hohe Gerüste des Zugspitzstockes in naher Schneepracht. Das enge und einförmige Isartal weitet sich aus – eine große Bergwelt dehnt sich aus, vom fernen Inntal schauen Schneefelder herüber: Es ist jene weite, gewaltige Landschaft um Walgau und Krün da, die allein schon eine Reise aus weiter Ferne belohnte.

Franz Nieberl

EIGNUNG ZUM KLETTERN

Dieser Abschnitt – das sei gleich zu Beginn bemerkt – ist nicht für Überempfindsame geschrieben! Solche mögen ihn ruhig überschlagen und sich getrösten in dem stolzen Gedanken: »Das geht mich gar nichts an – ich bin auf jeden Fall zum Klettern geeignet und brauche hierüber keine Belehrung.«

So denken, wie ich aus Erfahrung bestätigen kann, tatsächlich viele, und doch gehen heutzutage Leute ins Gebirge, denen man sozusagen schon an der Stirne den Mangel jeglicher bergsteigerischen Fähigkeit ablesen kann.

Wem es, wie dem Schreiber dieser Zeilen, gegönnt ist, auf einem Gebirgsbahnhof die Einfahrt der Touristenzüge zu verfolgen, der findet reichlich Gelegenheit zu geeigneten Beobachtungen.

Kaum ist ein Zug eingelaufen, da bewegt sich schon ein ganzer Wald von Bergstöcken gegen den Ausgang des Bahnsteigs. Es ist nämlich eine bezeichnende Eigentümlichkeit vieler Touristen, mit 2 bis 3 Meter langen »Alpenstangen« »ins Gebirge zu gehen«. Diese Leute sind meist harmlos, werden höchstens »durch massenhaftes Abgrasen der Alpenflora dem Almvieh schädlich«. Dazwischen stampfen eisernen Tritts wuchtige Gestalten: Den Hut umkränzt eine reiche Sammlung der abenteuerlichsten Vereinszeichen nebst verschiedenen Gamsbärten und Spielhahnstößen; der möglichst waagrecht unter dem Arm getragene Pickel verteilt gleichmäßig nach vor- wie rückwärts lebensgefährliche Stöße; ein riesiges Seil ziert die entblößte Heldenbrust, und auf dem Rücken sitzt ein Rucksack, dessen unheimlichen Umfang man nicht be-

greifen kann angesichts des Umstandes, daß so ziemlich alles, was der schlichte Verstand des ruhigen Beobachters in dessen Innern vermuten zu müssen glaubt, an der Außenseite in malerischem Durcheinander baumelt; nach den Anstrengungen ihrer Sprechwerkzeuge zu urteilen, müßten sie entweder samt und sonders halb taub sein oder »grad aus dem Wirtshaus herauskommen«. Diese Leute sind zwar nicht so ganz harmlos, aber doch recht unbedeutend. Die Mehrzahl von ihnen trägt ihre »wandernde Touristenartikelausstellung« in die nächsten Bergwirtshäuser, zu ihrem eigenen und ihrer Mitmenschen Glück. Ganz zuletzt wandern ruhigen Schritts ein paar schlichte Gestalten daher – sie haben's nicht eilig. Die Hände in den Taschen – sie führen weder Pickel noch Bergstock –, ein mäßiger Schnerfer ohne äußerliche Anhängsel auf dem Rücken und – last not least – nicht schreiend, johlend und mit einem interessanten Äußeren prahlend, machen sie den Eindruck von Leuten, die wissen, was sie wollen. Das sind, zehn gegen eins zu wetten, wirkliche Hochtouristen, das sind Kletterer.

Alexander von Humboldt

Zum Gipfel des Chimborazo

Der Chimborazo galt noch als der höchste Berg der Welt, als ihn der Naturforscher Alexander von Humboldt am 23. Juni 1802 anging, zu dessen höchster Spitze er allerdings nicht ganz gelangte. Immerhin erklomm er die größte bis dahin von Menschen erreichte Höhe von 5880 Meter.

Wir versuchten, den Berg von der südöstlichen Seite zu ersteigen, und die Indianer, welche uns zu Führern dienen sollten, von denen aber nur wenige je bis zur Grenze des ewigen Schnees gelangt waren, gaben dieser Richtung des Weges ebenfalls den Vorzug. Wir fanden den Chimborazo mit großen Ebenen, die stufenweise übereinanderliegen, umgeben. Zuerst durchschritten wir die Llanos des Louisa; dann, nach einem nicht sehr steilen Ansteigen von kaum fünftausend Fuß Länge, gelangten wir in die Hochebene von Sisgun.

Aus der Hochebene von Sisgun steigt man ziemlich steil bis zu einem kleinen Alpsee

(Laguna de Yana-Cocha) an. Bis dahin war ich auf dem Maultiere geblieben und nur von Zeit zu Zeit abgestiegen, um mit meinem Reisegefährten, Herrn Bonpland, Pflanzen zu sammeln. Der Himmel wurde immer trüber, aber zwischen und über den Nebelschichten lagen noch einzelne, deutlich erkennbare Wolkengruppen zerstreut. Der Gipfel des Chimborazo erschien auf wenige Augenblicke. Weil in der letzten Nacht viel Schnee gefallen war, verließ ich das Maultier da, wo wir die untere Grenze des frisch gefallenen Schnees fanden.

Der Pfad wurde immer steiler und schmaler. In der Höhe von 15 600 Fuß verließen uns alle Eingeborenen bis auf einen. Alle Bitten und Drohungen waren vergeblich. Die Indianer behaupteten, mehr an Atemlosigkeit zu leiden als wir. Wir blieben allein: Bonpland, Carlos Montufar, ein Mestize aus dem nahen Dorfe San Juan, und ich. Wir gelangten mit großer Anstrengung und Geduld weiter und waren meist ganz in Nebel gehüllt. Der Felskamm, der uns allein möglich machte, gegen den Gipfel vorzudringen, hatte oft nur die Breite von acht bis zehn Zoll. Zur Linken war der Absturz mit Schnee bedeckt, dessen Oberfläche durch Frost wie verglast erschien. Zur Rechten senkte sich unser Blick schaurig in einen achthundert oder tausend Fuß tiefen Abgrund, aus dem schneelose Felsmassen senkrecht hervorragten. Wir schritten hintereinander und um so langsamer fort, als man die Stellen prüfen mußte, die unsicher schienen.

Der Chimborazo,
Zeichnung von Edward Whymper.

Es ist ein eigener Charakter aller Exkursionen in der Andenkette, daß oberhalb der ewigen Schneegrenze weiße Menschen sich dort in den bedenklichsten Lagen stets ohne Führer, ja ohne Kenntnis der Örtlichkeit befinden. Man ist hier überall zuerst.

Nach einer Stunde vorsichtigen Klimmens wurde der Felskamm weniger steil, aber leider blieb der Nebel gleich dick. Wir fingen nun nach und nach an, alle an großer Übelkeit zu leiden. Der Drang zum Erbrechen war mit etwas Schwindel verbunden und weit lästiger als die Schwierigkeit zu atmen. Wir bluteten aus dem Zahnfleisch und aus den Lippen. Die Bindehaut der Augen war bei allen ebenfalls mit Blut unterlaufen.

Die Nebelschichten, die uns hinderten, entfernte Gegenstände zu sehen, schienen plötzlich, trotz der totalen Windstille, vielleicht durch elektrische Prozesse, zu zerreißen. Wir erkannten einmal wieder, und zwar ganz nahe, den dornförmigen Gipfel des Chimborazo. Es war ein ernster, großartiger Anblick. Die Hoffnung, diesen ersehnten Gipfel zu erreichen, belebte unsere Kräfte aufs neue. Der Felskamm, der nur hier und da mit dünnen Schneeflocken bedeckt war, wurde etwas breiter; wir eilten sicheren Schrittes vorwärts, als auf einmal eine Art Talschlucht von etwa vierhundert Fuß Tiefe und sechzig Fuß Durchmesser unserem Unternehmen eine unübersteigliche Grenze setzte. Wir sahen deutlich jenseits des Abgrundes unseren Felskamm in derselben Richtung sich fortsetzen; doch zweifle ich, daß er bis zum Gipfel selbst führte. Die Kluft war nicht zu umgehen; auch machte die Form des Absturzes das Herabklimmen unmöglich. Es war ein Uhr mittags. Wir hatten nach der La Placeschen Barometerformel eine Höhe von 18 096 Pariser Fuß erreicht. Zum Gipfel fehlten uns nur mehr 1224 Fuß oder die dreimalige Höhe der Peterskirche zu Rom.

Wir blieben kurze Zeit in dieser traurigen Einöde, bald wieder ganz in Nebel gehüllt. Wir sahen nicht mehr den Gipfel des Chimborazo, keinen der benachbarten Schneeberge, noch weniger die Hochebene von Quito. Wir waren wie in einem Luftballon isoliert.

Da das Wetter immer trüber und trüber, eilten wir auf demselben Felsgrate herab, der unser Aufsteigen begünstigt hatte.

Johann Wolfgang von Goethe

Montblanc – Montenvers

Goethe unternahm seine zweite Schweizer Reise als Begleiter des Herzogs von Weimar. Im November 1779 erreichte er das Tal von Chamonix. Das Erlebnis beschrieb er in den Briefen vom 4. und 5. November an Frau von Stein.

Chamonix, den 4. November,
abends gegen neun

Nur daß ich mit diesem Blatt Ihnen um so viel näher rücken kann, nehme ich die Feder; sonst wäre es besser meine Geister ruhen zu lassen . . . Es wurde dunkler, wir kamen dem Tale Chamonix näher und endlich darein. Nur die großen Massen waren uns sichtbar. Die Sterne gingen nacheinander auf und wir bemerkten über den Gipfeln der Berge, rechts vor uns, ein Licht, das wir nicht erklären konnten. Hell, ohne Glanz wie die Milchstraße, doch dichter, fast wie die Plejaden, nur größer, unterhielt es lange unsere Aufmerksamkeit, bis es endlich, da wir unsern Standpunkt änderten, wie eine Pyramide, von einem innern geheimnisvollen Lichte durchzogen, das dem Schein eines Johanniswurms am besten verglichen werden kann, über den Gipfeln aller Berge hervorragte und uns gewiß machte, daß es der Gipfel des Montblanc war. Es war die Schönheit dieses Anblicks ganz außerordentlich; denn, da er mit den Sternen, die um ihn herumstanden, zwar nicht in gleich raschem Licht, doch in einer breitern zusammenhängendern Masse leuchtete, so schien er den Augen zu einer höhern Sphäre zu gehören und man hatte Müh', in Gedanken seine Wurzeln wieder an die Erde zu befestigen. Vor ihm sahen wir eine Reihe von Schneegebirgen dämmernd auf den Rücken von schwarzen Fichtenbergen liegen und ungeheure Gletscher zwischen den schwarzen Wäldern herunter ins Tal steigen.

Meine Beschreibung fängt an unordentlich und ängstlich zu werden; auch brauchte es eigentlich immer zwei Menschen, einen der's sähe und einen der's beschriebe.

Wir sind hier in dem mittelsten Dorfe des Tals, Le Prieuré genannt, wohl logiert, in einem Hause, das eine Witwe, den vielen Fremden zu Ehren, vor einigen Jahren erbauen ließ. Wir sitzen am Kamin und lassen uns den

Muskatellerwein, aus der Vallée d'Aoste, besser schmecken als die Fastenspeisen, die uns aufgetischt werden.

Den 5. November abends

Es ist immer eine Resolution, als wie wenn man ins kalte Wasser soll, ehe ich die Feder nehmen mag, zu schreiben. Hier hätt' ich nun gerade Lust, Sie auf die Beschreibung der Savoyischen Eisgebirge, die Bourrit, ein passionierter Kletterer, herausgegeben hat, zu verweisen.

Erfrischt durch einige Gläser guten Weins und den Gedanken, daß diese Blätter eher als die Reisenden und Bourrits Buch bei Ihnen ankommen werden, will ich mein möglichstes tun. Das Tal Chamonix, in dem wir uns befinden, liegt sehr hoch in den Gebirgen, ist etwa sechs bis sieben Stunden lang und gehet ziemlich von Mittag gegen Mitternacht. Der Charakter, der mir es vor andern auszeichnet, ist, daß es in seiner Mitte fast gar keine Fläche hat, sondern das Erdreich, wie eine Mulde, sich gleich von der Arve aus gegen die höchsten Gebirge anschmiegt. Der Montblanc und die Gebirge, die von ihm herabsteigen, die Eismassen, die diese ungeheuren Klüfte ausfüllen, machen die östliche Wand aus, an der die ganze Länge des Tals hin sieben Gletscher, einer größer als der andere, herunterkommen. Unsere Führer, die wir gedingt haben, das Eismeer zu sehen, kamen beizeiten. Der eine ist ein rüstiger junger Bursche, der andre ein schon älterer und sich klugdünkender, der mit allen gelehrten Fremden Verkehr gehabt hat, von der Beschaffenheit der Eisberge sehr wohl unterrichtet und ein sehr tüchtiger Mann. Er versicherte uns, daß seit achtundzwanzig Jahren – so lange führ' er Fremde auf die Gebirge – er zum erstenmal so spät im Jahr, nach Allerheiligen, jemand hinaufbringe; und doch sollten wir alles ebensogut wie im August sehen. Wir stiegen, mit Speise und Wein gerüstet, den Montenvers hinan, wo uns der Anblick des Eismeers überraschen sollte. Ich würde es, um die Backen nicht so voll zu nehmen, eigentlich das Eistal oder den Eisstrom nennen: denn die ungeheuren Massen von Eis dringen aus einem tiefen Tal, von oben anzusehen, in ziemlicher Ebne hervor. Gerad hinten endigt ein spitzer Berg, von dessen beiden Seiten Eiswogen in den Hauptstrom hereinstarren.

Es lag noch nicht der mindeste Schnee auf der zackigen Fläche, und die blauen Spalten glänzten gar schön hervor. Das Wetter fing nach und nach an sich zu überziehen, und ich sah wogige graue Wolken, die Schnee anzudeuten schienen, wie ich sie niemals gesehn. In der Gegend, wo wir standen, ist die kleine von Steinen zusammengelegte Hütte für das Bedürfnis der Reisenden zum Scherz das Schloß von Montenvers genannt. Monsieur Blaire, ein Engländer, der sich zu Genf aufhält, hat eine geräumigere an einem schicklichern Ort, etwas weiter hinauf, erbauen lassen, wo man am Feuer sitzend, zu einem Fenster hinaus, das ganze Eistal übersehen kann. Die Gipfel der Felsen gegenüber und auch in die Tiefe des Tals hin sind sehr spitzig ausgezackt. Es kommt daher, weil sie aus einer Gesteinsart zusammengesetzt sind, deren Wände fast ganz perpendikular in die Erde einschießen. Wittert eine leichter aus, so bleibt die andere spitz in die Luft stehen. Solche Zacken werden Nadeln genennet und die Aiguille du Dru ist eine solche hohe merkwürdige Spitze, gerade dem Montenvers gegenüber.

Wir wollten nunmehr auch das Eismeer betreten und diese ungeheuren Massen auf ihnen selbst beschauen. Wir stiegen den Berg hinunter und machten einige hundert Schritte auf den wogigen Kristallklippen herum. Es ist ein ganz trefflicher Anblick, wenn man, auf dem Eise selbst stehend, den oberwärts sich herabdrängenden und durch seltsame Spalten geschiedenen Massen entgegensieht. Doch wollt' es uns nicht länger auf diesem schlüpfrigen Boden gefallen, wir waren weder mit Fußeisen noch mit beschlagenen Schuhen gerüstet; vielmehr hatten sich unsere Absätze durch den langen Marsch abgerundet und geglättet. Wir machten uns also wieder zu den Hütten hinauf und nach einigem Ausruhen zur Abreise fertig.

Die Via Mala,
Zeichnung von Johann Wolfgang von Goethe.

Wir stiegen den Berg hinab und kamen an den Ort, wo der Eisstrom stufenweis bis hinunter ins Tal dringt, und traten in die Höhle, in der er sein Wasser ausgießt. Sie ist weit, tief, von dem schönsten Blau, und es steht sich sicherer im Grund als vorn an der Mündung, weil an ihr sich immer große Stücke Eis schmelzend ablösen. Wir nahmen unsern Weg nach dem Wirtshause zu, bei der Wohnung zweier Blondins vorbei: Kinder von zwölf bis vierzehn Jahren, die sehr weiße Haut, weiße, doch schroffe Haare, rote und bewegliche Augen wie die Kaninchen haben. Die tiefe Nacht, die im Tale liegt, lädt mich zeitig zu Bette, und ich habe kaum noch so viel Munterkeit Ihnen zu sagen, daß wir einen jungen zahmen Steinbock gesehen haben, der sich unter den Ziegen ausnimmt, wie der natürliche Sohne eines großen Herrn, dessen Erziehung in der Stille einer bürgerlichen Familie aufgetragen ist. Von unsern Diskursen geht's nicht an, daß ich etwas außer der Reihe mitteile. An Graniten, Gneisen, Lärchen- und Zirbelbäumen finden Sie auch keine große Erbauung; doch sollen sie ehestens merkwürdige Früchte von unserm Botanisieren zu sehen kriegen. Ich bilde mir ein, sehr schlaftrunken zu sein und kann nicht eine Zeile weiter schreiben.

Jost Perfahl

Die Teufelsbrücke

Vom Multhorn, nicht allzufern von St. Gotthard, stürzt sich mit raschem Rollen und unbändigen Sprüngen ein wildes Bergwasser, die Reuß. Ein Alpenhirte liebte eine Sennerin, die er zum öftern besuchte, aber er hatte oft mit dem wilden Fluß seine Not hinüberzukommen, und mußte doch hinüber und auch wieder herüber zu seiner Hütte und Herde.

Als nun einstmals die Reuß recht angeschwollen war und wilder als jemals über die Felsen herabstürzte, da sah der Hirte keine Möglichkeit, hinüber zu seiner Geliebten zu gelangen, und rief aus: »Ei so wollt' ich, daß der Teufel käme und baute eine Brücke über dich verfluchtiges Wasser.« – Und da kam der Teufel gleich hinter einem Felsklumpen hervor und sagte: »He! was gibst mir, wenn ich dir die Brücke baue?« – »He! was soll ich dir geben?« fragte der Hirte. »Die erste lebendige Seele, die darüber geht«, sagte der Teufel und dachte, es werde niemand schneller sein als der Hirte hinüberzukommen. »Ich bin's zufrieden«, sagte der Hirt, und: »Topp schlag ein!« sagte der Teufel, und der Bub schlug ein. Jetzt baute der Teufel mit Hilfe aller seiner höllischen Geister die Brücke in ganz kurzer Frist, und als sie fertig war, setzte er sich hin und lauerte. Wer aber nicht darüberging, war der Hirtenbub, er jagte vom Gotthardgebirg unterm Hos-

pital eine Gemse auf und trieb sie abwärts, immer der Reuß zu, bis an die Brücke, und da setzte sie flink hinüber. Der Teufel fuhr zu, wurde teufelswild über solches Wild und zerriß die Gemse in Stücken, nachdem er sie hoch in die Luft hinauf getragen hatte. Nun ging der Hirte ungehindert sooft er wollte über die Brücke herüber und hinüber, doch soll es an derselben, die auf ewige Zeiten die Teufelsbrücke heißt, nicht recht geheuer sein, und es geht auch die Sage, der Teufel reiße alle Jahre ein Stück aus, daß immerdar daran gebaut werden müsse.

Die Teufelsbrücke.

Bettina von Arnim

ANKUNFT IN SALZBURG

In einem Brief an J. W. v. Goethe
vom 26. Mai 1810

Von Salzburg muß ich Dir noch erzählen. Die letzte Station, vorher Laufen; diesmal saß Freiberg mit mir auf dem Kutschersitz, er öffnete lächelnd seinen Mund, um die Natur zu preisen, bei ihm ist aber ein Wort wie der Anschlag in einem Bergwerk, eine Schicht führt zur andern; es ging in einen fröhlichen Abend über, die Täler breiteten sich rechts und links, als wären sie das eigentliche Reich, das unendlich gelobte Land. Langsam wie Geister hob sich hie und da ein Berg und sank allmählich in seinem blitzenden Schneemantel wieder unter. Mit der Nacht waren wir in Salzburg, es war schauerlich, die glattgesprengten Felsen himmelhoch über den Häusern hervorragen zu sehen, die wie ein Erdhimmel über der Stadt schwebten im Sternenlicht – und die Laternen, die da all mit den Leutlein durch die Straßen fackelten, und endlich die vier Hörner, die schmetternd vom Kirchturm den Abendsegen bliesen, da tönte alles Gestein und gab das Lied vielfältig zurück. – Die Nacht hatte in dieser Fremde ihren Zaubermantel über uns geworfen, wir wußten nicht wie das war, daß alles sich beugte und wankte, das ganze Firmament schien zu atmen, ich war über alles glücklich. Du weißt ja, wie das ist, wenn man aus sich selber, wo man so lange gesonnen und gesponnen, heraustritt ganz ins Freie.

Wie kann ich Dir nun von diesem Reichtum erzählen, der sich am andern Tag vor uns ausbreitete? – wo sich der Vorhang allmählich vor Gottes Herrlichkeit teilet, und man sich nur verwundert, daß alles so einfach ist in seiner Größe. Nicht einen, aber hundert Berge sieht man von der Wurzel bis zum Haupt ganz frei, von keinem Gegenstand bedeckt, es jauchzt und triumphiert ewig da oben, die Gewitter schweben wie Raubvögel zwischen den Klüften, verdunkeln einen Augenblick mit ihren breiten Fittigen die Sonne, das geht so schnell und doch so ernst, es war auch alles begeistert. In den kühnsten Sprüngen, von den Bergen herab bis zu den Seen ließ sich der

Wappen von Salzburg.

Übermut aus, tausend Gaukeleien wurden ins Steingerüst gerufen, so verlebten wir, wie die Priesterschaft der Ceres, bei Brot, Milch und Honig ein paar schöne Tage; zu ihrem Andenken wurde zuletzt noch ein Granatschmuck von mir auseinander gebrochen, jeder nahm sich einen Stein und den Namen eines Berges, den man von hier aus sehen konnte, und nennen sich die Ritter vom Granatorden, gestiftet auf dem Watzmann bei Salzburg.

Salzburg.

Ludwig Steub

Auf der Alm I

Die Almerinnen führen fast das Leben wie die Elfen, streifen in der Früh mit leichten Sohlen über die tauigen Alpenkräuter, verschwinden im Morgennebel, singen aus dem Felsgestein, daß man nicht weiß, von wann es kommt und schallt, trinken nur Milch und Wasser und schlummern in Heu, das sie kaum eindrücken. Das Almenleben hat so viel eingeborene Poesie, daß selbst die Tausende von Schnadahüpfeln und die schönsten Lieder vom Berge sowie die innigsten Zithermelodien diesen tiefen und wahren Zauberbrunnen nicht ganz ausschöpfen können. Wenn einer einmal einen dreibändigen Walter Scottschen Roman darüber schreiben wollte, der würde sehen, was ihm da alles entgegen kommt. Die Almerin selbst mit ihren achtzehn Jahren und ihrem unbewachten Almenherzen, die Jägerburschen mit ihrem Stolz, die Wildschützen mit ihrem Haß, der Bauer im Dorf unten mit seiner Bäuerin, der Schwärzer mit seinem Tirolerwein, der Grenzwächter mit seiner Pflicht, der Kaplan mit seinem wunderbaren Finger Gottes, der städtische Reiseenthusiast und Bergsteiger mit seiner Dummheit, der Münchner Maler mit seinen himmlischen Gedanken, die er nie verkörpern kann, der Praktikant vom Landgericht mit seinen bösen Lüsten, der feurige Bua von der Zell mit seinen eifersüchtigen Ansprüchen auf das Almenherz, nach dem so viele trachten, dazu die Hütte, die Herden, der düstere Hochwald, die Mittagssonne auf den einsamen Triften und Mondscheinnächte, wo Mädchenworte am weichsten klingen – es könnte einer mit der rechten Kunst schon etwas Monumentales darauf aufbauen. Daß aber keiner darüber geht, der es nicht versteht, sonst zerreißen wir ihn wie die tragischen Weiber den zweckwidrigen Sänger Orpheus und werfen sein Haupt in den Innstrom, auf daß es traurig jodelnd hinausflösse in das almenlose Flachland.

Eine Almenhütte ist gewöhnlich so gelegen, daß ihr ohne Mühe und Beschwer nicht beizukommen ist. Das Vieh tritt nämlich an diesem, seinem Sammelplatz, den Rasen auf und weicht ihn mit allerlei natürlichen Mitteln durch und durch. Hat man aber, etwa von einem Stein zum andern springend, diesen

Stadtgraben, dieses »Tret«, glücklich zurückgelegt, so lohnt ein freundliches Willkommen der Sennerin und alles Gute, was Almenwirtschaft bieten kann. Küche, Speise und Sprechzimmer sind derselbe Raum, nebenan ein Schlafgemach, rückwärts ein geräumiger Stall für die Stunden eines Unwetters oder zu großer Sonnenhitze. Vor der Hütte sprudelt ein Brunnen mit klassischem Wasser, innerhalb ist der Herd, zugleich auch Ruhebank, mit einem großen Käsekessel; an den hölzernen Wänden sind Schüsselrahmen, mehrere Pfannen, Milchkübel und dergleichen. Da die Kultur, wie schon hundertmal gesagt, alles beleckt, so findet man auch sächsische Steingutteller und Tassen mit Ansichten aus der Sächsischen Schweiz oder vom Rhein. In einer Ecke hängen ein kleines Kruzifix und etliche Heiligenbilder ringsherum, was ein Hausaltärchen andeutet. Auch sonst finden sich da und dort als Zierat verschiedene Malereien. So sieht man in einer Hütte auf einem großen Bilderbogen eine Schlacht der Franzosen mit den Kabylen dargestellt und selbst aus unseren Tagen haben einige Bilder schon die Hofalmen erreicht.

Die Sennerin ist an Werktagen voller Schmutz, welcher sich jedoch kegelförmig verjüngt. Während nämlich die Füße von der

Begehung des Trets sich in einem Überschuh von idyllischem Alpenkot züchtig verhüllen und so jedes Urteil über Größe oder Kleinheit trüglich machen, so nimmt die Reinlichkeit nach oben immer zu, über Mieder und Rock und das Gesicht wird des Tages sogar mehrere Male gewaschen. Nicht selten sind ein paar schöne, blaue Augen darin und etwas erlaubte rotbackige Schalkheit, um welche sich blonde Haare ringeln. Eine halbe Stunde Rast hat da noch wenige Junggesellen gereut. Seltsam klang aber die Antwort, als man sich einmal nach der Liebe erkundigte:

Selbe sei hierorts ganz abgeschafft! Als man sich auf einige Almenlieder bezog, welche die Sache in einem anderen Licht darzustellen scheinen, entgegneten die Almerinnen, das sei Poesie und zum guten Teil Verleumdung. Auf den Audorfer Almen empfange man nur anständige Besuche und nach dem Gebetläuten überhaupt keine. Sonst habe man genug zu tun, die Kühe zu melken, zu buttern, zu kochen und die Hütte aufzuwaschen; denn wenn auch die Mädchen selber schmutzig sind, ihre Herberge halten sie sehr reinlich. Am Abend dann, nach getaner Arbeit, setzen sie sich auf die Sommerbank vor die Tür und jodeln ihre lieblichen Weisen in den Äther hinaus. Des Sonntags legen sie ihre schönsten Gewänder an, gehen allenfalls ins Tal hinab zur Kirche oder besuchen sich oben, auch aus größeren Fernen, um miteinander zu plaudern, zu singen und Zither zu spielen. Übrigens tut man Unrecht, wenn man sich die Dirnen gar zu naiv und alpenhaft vorstellt.

Hier, lieber Leser, erscheinen um den Tag Mariä Himmelfahrt herum, auf den sich alle Kräuter freuen, und wenn der liebe Gott nicht durch Regenwetter straft, vielmehr zur Belohnung seiner Verdienste um Staat und Kirche der zitternde Sonnenglast und der tiefblaue Äther über den Hochweiden liegen und alles über die schöne Sommerzeit frohlockt, die Blümlein und die Kühlein und die Sennerin, so kannst du deine eingebildete Wichtigkeit vergessen und dich mit heiterem Abandon in dem vollen Grase wälzen und ganz aufgehen in der almerischen Lust. Und hier kannst du mit wonniglicher Neugier dich umtun um alle die Siebensachen, die dir in der Schreibstube fremd geworden sind, kannst auch selber Rinder melken und die Butter ausrühren.

Für uns Süddeutsche ist es ein wahres Unglück, daß Butter, welche früher männlich war, und in Schwaben, Bayern, Österreich noch ist, hinter unserem Rücken weiblich wurde. Wir erlernens nicht und blamieren uns nur damit in den Teezirkeln. Die Sennerin lacht sich zwar schief, wenn ein Norddeutscher die gute Butter lobt, aber was hilft uns das?

Der Hund im Laufrad
erleichtert der Sennerin das Buttern.

Friedrich Nietzsche

Sils Maria

Ich sah hinunter, über Hügelwellen, gegen einen milchgrünen See hin, durch Tannen und altersernste Fichten hindurch: Felsbrocken aller Art um mich, der Boden bunt von Blumen und Gräsern. Eine Herde bewegte, streckte und dehnte sich vor mir; einzelne Kühe und Gruppen ferner, im schärfsten Abendlichte, neben dem Nadelgehölz; andere näher, dunkler; alles in Ruhe und Abendsättigung. Die Uhr zeigte gegen halb sechs. Der Stier der Herde war in den weißen, schäumenden Bach getreten und ging, langsam widerstrebend und nachgebend, seinem stürzenden Laufe nach: so hatte er wohl seine Art von grimmigem Behagen. Zwei dunkelbraune Geschöpfe, Bergamasker Herkunft, waren die Hirten, das Mädchen fast als Knabe gekleidet. Links Felsenhänge und Schneefelder über breiten Waldgürteln, rechts zwei ungeheure, beeiste Zacken, hoch über mir, im Schleier des Sonnenduftes schwimmend – alles groß, still und hell. Die gesamte Schönheit wirkte zum Schaudern und zur stummen Anbetung des Augenblicks ihrer Offenbarung; unwillkürlich, als ob es nichts Natürlicheres gäbe, stellte man sich in diese reine, scharfe Lichtwelt – die gar nichts Sehnendes, Unzufriedenes, Erwartendes, Vor- und Zurückblickendes hatte – griechische Heroen hinein; man mußte wie Poussin empfinden: heroisch zugleich und idyllisch.

Fr Nietzsche

Titus Livius

Hannibal zieht über die Alpen

Aus dem Rhonetal und durch die von den Galliern mit Steinlawinen verteidigten Schluchten der oberen Durentia (Durance) kam Hannibal, gegen den Untergang der Plejaden (Ende Oktober) des Jahres 218 v. Chr. am neuten Tage des Anmarsches auf die Kammhöhe der Alpen. Zwei Tage lang hielt man in einem Standlager auf der Höhe Rast. Den Soldaten, die durch die Strapazen und die Kämpfe abgehetzt waren, wurde Ruhe gewährt. Die Saumtiere, die immer wieder auf den Steilhängen ausgeglitten waren, kamen, den Spuren des Heeres folgend, allmählich ins Lager nach. Den durch so viel Ungemach erschöpften und überdrüssigen Leuten jagte endlich auch noch ein Schneefall jetzt, wo das Vergilische Gestirn bereits im Untergehen war, ungeheuren Schrecken ein. Ringsum war alles mit Schnee bedeckt. Im Morgengrauen brach man auf. Als der lange Zug des Heeres nur langsam vorankam und Verdrossenheit und Verzweiflung auf allen Gesichtern stand, ging Hannibal an den Feldzeichen vorbei an die Spitze. Auf einem Felsrücken, wo eine weite Aussicht sich auftat, ließ er halten. Er zeigte seinen Soldaten Italien und versprach: So wie sie jetzt diese Mauern Italiens überwunden hätten, ebenso bezwängen sie auch die der Stadt Rom, fortan würde der Weg eben sein, bergab werde es gehen; in einer oder höchstens zwei Schlachten würden sie die Hauptstadt Italiens in ihrer Hand und Gewalt haben.

Das große Heer begann weiterzumarschieren. Jetzt machten auch die Eingeborenen keine Versuche mehr anzugreifen. Aber der Abstieg war weit schwieriger als der Anmarsch, wie ja die Alpen zumeist auf der italienischen Seite zwar kürzere Marschwege, aber im gleichen Maß auch steilere zeigen. Fast der ganze Weg war jäh und abschüssig, schmal und schlüpfrig, so daß die Leute sich kaum vor Stürzen bewahren noch, wenn sie einmal ins Rutschen gekommen waren, festen Tritt oder Halt finden konnten, so daß einer über den anderen und gar die Saumtiere auf die Menschen stürzten.

Später kam man an eine sehr enge Felsstelle mit so jähen Wänden, daß ein unbepackter

Mann nur mit Mühe an Gesträuch und Büschen heruntersteigen konnte. Die an sich schon abschüssige Stelle war durch einen frischen Bergrutsch bis in eine Tiefe von nahezu eintausend Doppelschritten abgebrochen. Oben, wo der Weg aufhörte, hatte die Reiterei haltgemacht. Als Hannibal sich wunderte, was den Zug aufhalte, ward ihm gemeldet, der Felsabbruch sei ungangbar. Er ging sofort nach vorn, um selbst die Stelle anzuschauen. Es war ihm klar, daß er das Heer durch unwegsames und bisher unbetretenes Gebiet auf weitem Umweg herumführen müsse.

Jene Stelle war in der Tat unüberwindbar; denn, da über dem alten verfirnten Schnee Neuschnee lag, ließ sich in der weichen und nicht sehr tiefen Neuschneelage für die Füße kein Stand finden; als er aber beim Spuren und Treten so vieler Menschen und Tiere zerging, geriet man auf das darunterliegende blanke Eis und in die abfließenden Schmelzwasser. Das war ein schauriges Ringen! Weil der eisglatte Firn keine sicheren Tritte bot und bei der starken Neigung die Füße sofort ins Gleiten kamen, so versuchte man es auf allen vieren, bis auch diese letzten Hilfen versagten und man neuerlich stürzte. Jetzt fanden sich auch weit und breit keine Sträucher mehr, kein Stamm und keine Wurzeln, an denen man sich hätte festhalten können: daher kollerten die Leute über das glatte Eis und im wäßrigen Sulzschnee bergab. Die Tragtiere durchbrachen bisweilen beim Auftreten sogar die unte-

Römersäulen, alpine Wegweiser im Altertum.

re Firnschicht, und wenn sie nach einem Sturz beim Aufrichten mit den Hufen kräftiger um sich schlugen, brachen sie vollends ein, so daß die meisten, wie in Fußangeln gefangen, in der harten, tiefen Firnschicht elend steckenblieben.

Endlich, als Pferde und Menschen sich vergeblich abgeplagt hatten, ließ der Feldherr auf der Höhe ein Lager schlagen; nur mit äußerster Mühe hatte man dafür den Platz herrichten können: Eine Riesenmasse Schnees hatte man aufgraben und wegschaffen müssen. Mannschaften wurden zum Bau und zur Sicherung des Weges durch die Felsflanke, durch den allein der Abstieg möglich war, abgestellt. Der Fels mußte gesprengt werden.

Große Bäume wurden überall gefällt und behauen und so ein gewaltiger Holzstoß errichtet. Als nun auch der richtige Wind zum Feueranblasen sich aufgetan hatte, zündeten sie den Scheiterhaufen an, und als das Gestein glühte, schüttete man Essig darauf und lockerte es auf diese Weise. Der in der Glut mürbe gewordene Fels wurde nun aufgerissen und gangbar gemacht. Durch Zickzackwege wurde das Gefälle verringert, so daß nicht nur die Pferde, sondern auch die (siebenunddreißig) Elefanten hinuntergeführt werden konnten.

Fast vier Tage hatte man zur Bewältigung dieser einzigen Stelle gebraucht, und die Pferde waren beinahe vor Hunger eingegangen: Die Höhen sind ja fast kahl, und wenn da und dort Gras wächst, bedecken es Schneemassen. Nur in den Niederungen gibt es Täler und freundliche Hügel und Bäche nahe den Waldungen und Gegenden, die wieder menschlicher Besiedlung wert sind. Dort ließ man dann die Pferde auf die Weide und gönnte den durch die Wegbauten erschöpften Soldaten Ruhe. Am dritten Tag war der Abstieg in die Ebene beendet. Die Gegend war milder geworden und mit ihr auch die Bewohner freundlich und zugänglich.

So war der Übergang über die Alpen geglückt. Im fünften Monat seit dem Aufbruch von Neukarthago stand das punische Heer in Italien. In vierzehn Tagen hatte Hannibal die Alpen besiegt.

Francesco Petrarca

Die Besteigung des
Mont Ventoux

Am 26. April 1336 bestieg der Dichter Francesco Petrarca den 1912 m hohen Gipfel des Mont Ventoux in der Provence. Anschließend berichtete er dem Kardinal Giovanni Colonna von seinem Unternehmen.

Den höchsten Berg unserer Gegend, der nicht unverdienterweise der windige (ventosus) genannt wird, habe ich gestern bestiegen, lediglich aus Verlangen, die namhafte Höhe des Ortes kennenzulernen.

Als ich mir die Wahl eines Reisegefährten überlegte, schien kaum einer meiner Freunde allseitig passend dafür; endlich warb ich häusliche Hilfstruppen und eröffnete die Sache meinem jüngeren Bruder, den du wohl kennst. Dem konnte nichts fröhlicher kommen; er wünschte sich Glück, zugleich Bruders und Freundes Stelle bei mir einzunehmen. Am bestimmten Tage brachen wir von zu Hause auf und kamen gegen Abend nach Maloncenes (Malaucene). Dieser Ort liegt an den Abhängen des Berges gegen Norden. Dort verweilten wir einen Tag, und heute endlich bestiegen wir mit etlichen dienenden Leuten den Berg, nicht ohne große Schwierigkeit, denn er ist eine steile und kaum zugängliche Masse felsigen Terrains. Der Tag war lang, die Luft mild, die Gemüter waren entschlossen, die Körper stark und geübt im Marschieren; nur die Natur des Ortes schuf uns Hindernisse.

In den Schluchten des Gebirges trafen wir einen alten Hirten, der mit vielen Worten versuchte, uns von der Besteigung abzubringen, und sagte, er sei vor fast fünfzig Jahren in demselben Drang jugendlichen Feuers auf die höchste Höhe emporgestiegen, habe aber nichts mit zurückgebracht als Reue und Mühsal, Leib und Gewand zerrissen von Steinen und Gedörn, und es sei niemals weder vorher noch nachher gehört worden, daß einer ähnliches gewagt. Während er aber so plauderte, wuchs bei uns – wie ja der Jugend Sinn stets ungläubig ist für Warnungen – aus der Schwierigkeit das Verlangen. Da nun der Alte merkte, daß er bei uns nichts ausrichte, ging er ein Stück weit mit und bezeichnete uns mit dem Finger einen zwischen Felsen emporziehenden steilen Fußpfad, wobei er uns noch mehrmals ermahnte und vieles nachrief, nachdem wir uns schon getrennt hatten.

Wir hatten bei dem Hirten zurückgelassen, was uns an Gewändern und Gerät lästig war, gürteten und schürzten uns nun lediglich für die Bergbesteigung und wanderten wohlgemut und hitzig empor. Aber, wie es zu gehen pflegt – auf mächtige Anstrengung folgt plötzlich Ermüdung. Wir machten also bald auf einem Felsen halt; von dort stiegen wir wiederum weiter, aber langsamer, und ich insbesondere fing schon an, den Gebirgspfad mit bescheidenerem Schritt zu nehmen. Mein Bruder strebte auf einem abschüssigen Pfad mitten über die Joche des Berges zur Höhe empor; ich, als weicherer Steiger, wandte mich mehr den Schluchten zu. Da er mir nun zurief und den Weg genauer bezeichnete, erwiderte ich ihm, ich hoffe, von der anderen Seite leichter emporzukommen, und scheue mich nicht vor dem Umweg, wenn er mich ebener führe. Dieser Vorwand sollte die Entschuldigung meiner Trägheit sein; aber während die anderen schon weit oben auf der Höhe standen, irrte ich noch durch die Täler, ohne daß irgendwo ein sanfterer Aufweg sich auftat; nur mein Weg ward verlängert und die Arbeit unnötig erschwert. Indessen, da ich mißmutig war und mich meines Irrtums ärgerte, beschloß ich, geradenwegs die Höhe zu erstreben, erreichte auch wirklich müde und mit zitternden Knien meinen Bruder, der sich durch langes Ausruhen erquickt hatte, und wir gingen ein Stück weit gleichen Schrittes. Kaum aber hatten wir jene Höhe verlassen, so vergaß ich meine frühere Erfahrung und kam wieder mehr zur Tiefe hinab – und indem ich etliche Täler durchwanderte und die leichten, langen Wege einhielt, bereitete ich mir selber große Schwierigkeit. Denn ich schob die Mühsal des Emporsteigens zwar hinaus, aber durch des Menschen Ingenium wird die Natur der Dinge nicht verändert, und niemals wird es möglich sein, daß einer durch Abwärtssteigen in die Höhe gelangt.

Kurz, nicht ohne das Lachen meines Bruders stieß mir dies während weniger Stunden dreimal oder öfters zu. Solcherweise getäuscht, machte ich in einem Tale halt.

Dort, in geflügelten Gedanken von Körperlichem auf Unkörperliches übergehend, sprach ich etwa folgendes zu mir selber: Was dir heute bei der Besteigung dieses Berges so oftmals widerfahren, wisse, daß dir dies auch, wie vielen anderen, auf dem Wege zum seligen Leben widerfährt, aber es wird von den Menschen darum nicht hoch angeschlagen, weil des Körpers Bewegungen einem jeden offenkundig sind, die der Seele aber unsichtbar und verborgen. Siehe nun, auch die Seligkeit steht auf erhabener Höhe; ein schmaler Pfad führt zu ihr hin, viele Hügel ragen dazwischen, und von Tugend zu Tugend muß man mit vorsichtigen Schritten wandeln.

Auf dem Gipfel ist das Ende und Ziel unseres Lebens, auf ihn ist unsere Wallfahrt gerichtet.

Und wenn du nun entschlossen emporverlangst, was hält dich zurück? Nichts anderes, als daß der Weg durch die Freuden der Erde und ihre Niederungen ebener und beim ersten Anblick zweckmäßiger erscheint. Aber nach langem Umherirren oder unter der Last übel hinausgeschobener Arbeit bleibt dir doch nichts übrig, als geradenwegs zum Gipfel der Seligkeit emporzusteigen oder aber in den Tälern deiner Sünden ermattet niederzusinken und – was Gott verhüten möge –, wenn Finsternis und Schatten des Todes dich dort überraschten, ewige Nacht in ewiger Qual zu verbringen.

Diese Betrachtung richtete mich unglaublich an Geist und Körper wieder auf. Gebe Gott, daß meine Seele ihre große Reise, der sie bei Tag wie bei Nacht sich entgegensehnt, glücklich zu Ende führt!

... Den obersten der Gipfel heißen die Leute im Gebirg »Das Söhnlein« (filiolum), warum, weiß ich nicht, vielleicht des Gegensatzes halber, denn er schaut in Wahrheit eher wie der Vater aller benachbarten Berge aus. Auf seinem Scheitel erstreckt sich eine kleine Ebene, dort hielten wir ermüdet Rast.

Wie ich nun dies im einzelnen bewunderte und bald nach irdischen Dingen forschte, bald nach Vorbild des Leibes auch den Geist in höhere Sphären versetzen wollte, kam mir in den Sinn, das Buch der Bekenntnisse des Augustinus aufzuschlagen, das mir deine Güte einst verehrt und dessen ich mich zur Erinnerung an den Geber bediene – ein erprobtes Werklein, das ich allezeit bei mir führe, klein von Umfang, aber unsäglich süß von Inhalt. Ich schlage es auf, um zu lesen, was mir entgegentreten würde – denn auf was anderes als auf etwas Frommes und Ergebenes könnte ich wohl stoßen? Zufällig griff ich das zehnte Buch jenes Werkes heraus. Mein Bruder, erwartungsvoll, aus meinem Munde etwas von Augustinus zu vernehmen, stand da mit gespannter Aufmerksamkeit. Und wie ich die Augen auf das Blatt senkte, stand geschrieben: »Et eunt homines admirari alta montium, et ingentes fluctus maris, et latissimos lapsus fluminum, et oceani ambitum, et gyros siderium, et relinquunt se ipsos.« (»Da gehen die Menschen, die Höhen der Berge zu bewundern und die Fluten des Meeres, die Strömungen der Flüsse, des Ozeans Umkreis und der Gestirne Bahnen, und verlieren sich dabei selber.«)

Ich gestehe, daß ich sehr betroffen war; meinen etwas zu hören begierigen Bruder bittend, mir nicht beschwerlich zu fallen, schloß ich das Buch. Ich zürnte mir selber, daß ich auch jetzt noch irdische Dinge bewundert hatte, da ich längst schon selbst von den Philosophen der Heiden hätte lernen können, daß nichts wunderbarer als der Geist und daß, wenn dieser groß, nichts anderes mehr groß erscheint.

Wie oft, meinst du, hab' ich an jenem Tage, talabwärts steigend, mich zurückgewandt und den Gipfel des Berges betrachtet, aber seine Höhe schien mir kaum mehr als die Höhe einer Stube, verglichen mit der Höhe menschlicher Kontemplation, wenn diese nicht in den Schmutz irdischer Niedrigkeiten getaucht ist.

Das auch fiel mir bei jedem Schritt ein: wenn es uns nicht verdrießt, soviel Schweiß und Mühsal zu ertragen, um den Körper dem Himmel um ein weniges näher zu bringen: welches Kreuz, welch Gefängnis, welcher Stachel darf eine Seele schrecken, die sich Gott nähern will...!

... Unter solchen Erregungen des Herzens kam ich ohne ein Gefühl des steinigen Fußpfades wieder bei jener gastlichen Hütte des Hirten an; vor Tagesanbruch waren wir von dort aufgebrochen, in tiefer Nacht kehrten wir zurück, der Mond spendete uns seinen dankenswerten Schein auf den Marsch.

Bei der Britanniahütte

Stefan Frühbeis

GRUSSPFLICHT AM BERG

Das Bergvolk als solches ist trutzig, rauh im Umgang, ohne Herzensgüte und meist wirsch, beziehungsweise unwirsch, was jedoch dasselbe bedeutet. Dies gilt, so vermutet der Flachländer, nicht nur für die Menschen, die das Gebirge ihre Heimat nennen, sondern auch für diejenigen, die sich zu den Bergen hingezogen fühlen. Welch ein Irrtum! Schon Schiller hat weiland dezidiert festgelegt, mit welch ausgesuchter Höflichkeit ein Berg anzusprechen ist: »Sei mir gegrüßt, mein Berg, mit dem rötlich strahlenden Gipfel!« hat er vor bald zwei Jahrhunderten ausgerufen, und der Berg dankte den höflichen Gruß mit seiner rötlichen Anwesenheit.

Gipfelstürmer unserer Zeit kommen kaum mehr in die Verlegenheit, aus Mangel an Passanten den Berg selbst grüßen zu müssen. Daß das Vis-à-vis zu grüßen ist, gebietet allein schon das alpine Zusammengehörigkeitsgefühl – nur: Wer grüßt heutzutage wen, wo, wann und wie? Im Sinn des großen europäischen Gleichheitsgedankens ist ein Mindestmaß an Regelwerk unerläßlich. Wo kämen wir denn sonst hin, wenn jeder jeden grüßen würde, wie es ihm gerade paßt und wie ihm der Schnabel gewachsen ist!

1. Es gelten die althergebrachten Regeln abendländischen Zusammenlebens: Der Jüngere grüßt den Älteren, die Herren der Schöpfung grüßen die Bergsteigerinnen zuerst. In

Zweifelsfällen grüßt analog zur Straßenverkehrsordnung der bergabgehende (entspannte!) Bergsteiger den aufsteigenden (keuchenden!) zuerst.

Ausnahme: 80jährige, schlohhaarige Bergfexe, die auf eben volljährige Bergmaiden treffen, dürfen sich grüßen lassen.

2. Einzelne Bergsteiger, die gemischt-geschlechtlichen Wandergruppen begegnen, grüßen diese unabhängig vom Einzelalter der Gruppenangehörigen oder auch vom geschätzten Gesamtalter.

3. Gruppen sind im allgemeinen mit einem lauten, pauschalen »Grüß Gott« bzw. »Guten Morgen« bis 10 Uhr vormittags nahe dem Gruppenersten anzusprechen. In Ausnahmesituationen wie akuter Steinschlaggefahr ist auch jedes Gruppenmitglied einzeln, dann jedoch verhalten grüßbar.

4. Grußsonderformen intimerer zwischenmenschlicher Natur, so z. B. sogenannte »Bussl« regeln die ergänzenden Bestimmungen zu den Grußvorschriften, § 7, Abs. 9–12.

5. Das joviale »Servus« ist ausschließlich angezeigt in Fällen landsmannschaftlicher Übereinstimmung mit dem Grußpartner bei beabsichtigter Kontaktaufnahme mit dem/der zu Grüßenden und zum Ausdruck inniger und

souveräner Verbundenheit mit der alpinen Natur.

6. Gruppen sind nicht in unmittelbarer Nähe zu Talorten oder Seilbahnstationen zu grüßen. Das ebenso zeitraubende wie lästige Grüßen von Scharen einhertrottender Halbschuhtouristen durch erfahrene Alpinisten entfällt damit künftig.

7. Alpenvereinsmitglieder haben am Berg Grußvorrang vor Nichtmitgliedern. Darüber hinaus haben langjährige Vereinsmitglieder (Kennzeichen: sichtbar getragene Mitgliedsnadel) unbedingtes Grußvorrecht. Bei groben und mutwilligen Verstößen droht Vereinsausschluß.

8. Die Pflicht zum Gegengruß entfällt, wenn mit »Guten Tag« gegrüßt wird.

9. Ziffer 8 hat keine Gültigkeit außerhalb der alpinen Territorien von Bayern, Österreich und der Schweiz.

10. Die neuen EG-Richtlinien zum Gruß am Berg sind mit Wirkung vom 1. Mai 1991 gültig. Ihr Aushang in Alpenvereinshütten sowie ihre Bekanntgabe in Gipfelbüchern ist zu veranlassen.

Ätheria von Aquitanien

DER BERG GOTTES

Pilgerreise auf den Berg Sinai
im Jahre 385 nach Christus

Indem wir weiterwanderten, kamen wir zu einer Stelle, wo die Berge, zwischen denen wir gingen, sich öffneten und ein endloses weites Tal bildeten, ganz eben und sehr schön; und jenseits des Tales erschien der heilige Berg Gottes Sinai. Wir hatten also das ganze Tal zu durchschreiten, damit wir den Berg besteigen konnten. Es ist das Tal, in dem die Kinder Israels in jenen Tagen verweilten, als Moses auf den Berg Gottes stieg und dort vierzig Tage und vierzig Nächte blieb. Es ist das Tal, wo das Goldene Kalb gemacht wurde, an einer Stelle, die bis heute gezeigt wird; denn ein großer Stein ist an ihr aufgerichtet. Es ist dasselbe Tal, an dessen Ende der Ort liegt, wo zu Moses, als er die Herden seines Stammes weidete, Gott zum zweitenmal aus dem »brennenden Dornbusch« redete.

Der Berg selbst scheint im Umkreis der einzige zu sein; sobald man aber eintritt, sind es mehrere. Indes wird das Ganze der Berg Gottes genannt, im besonderen aber jener Berg, auf dessen Gipfel die Stätte sich befindet, wo die Herrlichkeit Gottes sich herabließ; er liegt in der Mitte.

Wir stiegen also am Sabbatabend zum Berge auf, und als wir zu einigen Klöstern kamen, empfingen uns die dort wohnenden Mönche sehr freundlich und erwiesen uns alle Gastlichkeit; dort befindet sich auch eine Kirche mit einem Priester. Wir blieben hier über Nacht und begannen früh am Tage mit dem Priester und den dort wohnenden Mönchen die einzelnen Berge zu besteigen. Diese Berge lassen sich nur mit unendlicher Mühe erklimmen, weil man nicht allmählich im Kreise, wie wir sagen: auf Schneckenwegen, sondern ganz gerade wie auf einer Wand hinaufsteigt. So gelangte ich denn auf Christi, unseres Gottes, Befehl, unterstützt von den Gebeten der Mönche, die mich begleiteten, nur mit großer Mühe hinauf, da ich zu Fuß steigen mußte, und es ganz und gar nicht möglich war, im Sattel und in der Sänfte hinaufzukommen. Doch empfand ich die Anstrengung nicht, und zwar aus dem Grunde, weil ich das Verlangen, das ich fühlte, auf Gottes Geheiß sich erfüllen sah. So kamen wir um die vierte Stunde (10 Uhr vormittags) auf die Spitze des Sinai, wo das Gesetz gegeben wurde, an den Ort, wo die Herrlichkeit Gottes an jenem Tage herabstieg, an dem der Berg rauchte. An dieser Stelle ist jetzt nur eine kleine Kirche, weil der Platz, die Bergspitze, nicht sehr groß ist. Die Kirche besitzt aber an sich viel Anmut.

Der Tanz um das Goldene Kalb am Berg Sinai
(Holzschnitt aus Schedels Weltchronik, 1493).

Als wir nun auf jene Höhe kamen und zur Türe der Kirche gelangten, siehe, da kam uns schon ein Priester aus dem Kloster entgegen, das zu jener Kirche gehört, ein rüstiger Greis und, wie man zu sagen pflegt, ein Mönch von Kindesbeinen an, ein Asket, mit einem Worte ein Mann, der würdig war, an diesem Orte zu sein. Es eilten auch andere Priester und alle Mönche herbei, die dort an jenem Berge wohnten. Aber auf der Spitze des mittleren Berges selbst wohnt niemand; es ist dort nichts als nur die Kirche und die Höhle, wo Moses war. Hier wurde aus dem Buche Moses gelesen und der Ordnung nach ein Opfer dargebracht, und wir nahmen auch das hl. Abendmahl. Als wir die Kirche verließen, schenkten uns die Priester jenes Ortes von den Äpfeln, die an dem Berge wachsen. Denn während der Berg Sinai oben ganz felsig ist, so daß er keinen Strauch trägt, ist unterhalb nahe dem Fuße der Berge, sowohl um den des mittleren als um jene, die rund herumliegen, ein wenig Erde. Dort pflanzen sofort die Mönche mit Fleiß Bäumchen und legen Obstgärten und Äcker an; und daneben für sich Zellen.

Nach dem Verlassen der Kirche bat ich die Heiligen, sie möchten uns die einzelnen Stätten zeigen. Dazu waren sie sogleich freundlich bereit. Sie zeigten uns die Höhle, wo Moses sich aufhielt, als er zum zweitenmal den Berg Gottes bestieg, damit er neue Tafeln empfinge, nachdem er die ersten, da das Volk sündigte, zerbrochen hatte; auch die anderen Orte, soviel wir begehrten, oder die sie besser kannten, zeigten sie in freundlicher Weise.

Aber das will ich euch, verehrte Frauen und Schwestern, versichern, daß von jener Stelle, wo wir standen, nämlich neben der Kirche auf der Spitze des Sinai, jene anderen Berge, die wir vorher mit Mühe erstiegen hatten, so unter uns erschienen im Vergleich mit dem mittleren, auf dem wir standen, als wären sie bloß Hügel, während doch auch sie unermeßlich groß waren, so daß ich niemals höhere gesehen zu haben glaubte, nur daß der mittlere sie noch gewaltig überragte. Von hier sahen wir Ägypten und Palästina, das Rote Meer und das Parthenische Meer (der östliche Teil des Mittelländischen Meeres), das nach Alexandria hinströmt, ja selbst das endlose Gebiet der Sarazenen (die arabische Wüste) so wunderbar unter uns liegen, daß wir es kaum glauben konnten; und doch zeigten uns die Mönche dies im einzelnen.

Jost Perfahl

König Watzmann

Südöstlich von Salzburg streckt, mit ewigem Schnee bedeckt, hoch über sieben niedrigere Zinken ein Berg zwei riesige Zackenhörner gen Himmel, das ist der über neuntausend Fuß hohe *Watzmann*. Von ihm erzählt das umwohnende Volk aus grauen Zeiten her diese Sage.

Einst, in undenklicher Frühzeit, lebte und herrschte in diesen Landen ein rauher und wilder König, welcher *Watzmann* hieß. Er war ein grausamer Wüterich, der schon Blut getrunken hatte aus den Brüsten seiner Mutter. Liebe und menschliches Erbarmen waren ihm fremd, nur die Jagd war seine Lust, und da sah zitternd sein Volk ihn durch die Wälder toben mit dem Lärm der Hörner, dem Gebell der Rüden, gefolgt von seinem ebenso rauhen Weibe und seinen Kindern, die zu böser Lust auferzogen wurden. Bei Tag und bei Nacht durchbrauste des Königs wilde Jagd die Gefilde, die Wälder, die Klüfte, verfolgte das scheue Wild und vernichtete die Saat und mit ihr die Hoffnung des Landmanns. Gottes Langmut ließ des Königs schlimmes Tun noch gewähren. Eines Tages jagte der König wiederum mit seinem Troß und kam auf eine Waldestrift, auf welcher eine Herde weidete und ein Hirtenhäuslein stand. Ruhig saß vor der Hütte die Hirtin auf frischem Heu und hielt mit Mutterfreude ihr schlummerndes Kindlein in den Armen. Neben ihr lag ihr treuer Hund, und in der Hütte ruhte ihr Mann, der Hirte. Jetzt unterbrach der tosende Jagdlärm den Naturfrieden dieser Waldeinsamkeit; der Hund der Hirtin sprang bellend auf, da warf sich des Königs Meute alsbald auf ihn, und

Der Watzmann, um 1820.

einer der Rüden biß ihm die Kehle ab, während ein anderer seine scharfen Zähne in den Leib des Kindleins schlug und ein dritter die schreckensstarre Mutter zu Boden riß. Der König kam indes nahe heran, sah das Unheil und stand und lachte. Plötzlich sprang der vom Gebell der Hunde, dem Geschrei des Weibes erweckte Hirte aus der Hüttentüre und erschlug einen der Rüden, welcher des grausamen Königs Lieblingsgetier war. Darüber wütend fuhr der König auf und hetzte mit teuflischem Hussa Knechte und Hunde auf den Hirten, der sein ohnmächtiges Weib erhoben und an seine Brust gezogen hatte und verzweiflungsvoll erst auf sein zerfleischtes Kind am Boden und dann gen Himmel blickte. Bald sanken beide zerrissen von den Ungetümen zu dem Kinde nieder; mit einem schrecklichen Fluchschrei zu Gott im hohen Himmel endete der Hirte, und wieder lachte und frohlockte der blutdürstige König. Aber alles hat ein Ende und endlich auch die Langmut Gottes. Es erhob sich ein dumpfes Brausen, ein Donnern in Höhen und Tiefen, in den Bergesklüften ein wildes Heulen, und der Geist der Rache fuhr in des Königs Hunde; die fielen ihn jetzt selbst an und seine Königin und seine sieben Kinder und würgten alle nieder, daß ihr Blut zu Tale rann, und dann stürzten sie sich von dem Berge wütend in die Abgründe. Aber jene Leiber erwuchsen zu riesigen Bergen, und so steht er noch, der König Watzmann, eisumstarrt, ein marmorkalter Bergriese, und neben ihm, eine starre Zacke, sein Weib, und um beide die sieben Zinken, ihre Kinder – in der Tiefe aber hart am Bergesfuß ruhen die Becken zweier Seen, in welche einst das Blut der grausamen Herrschaft floß, und der große See hat noch den Namen *Königssee,* und die Alpe, wo die Hunde sich herabstürzten, heißt Hundstod, und gewann so König Watzmann mit all den Seinen für schlimmste Taten den schlimmsten Lohn und hatte sein Reich ein Ende.

Königssee.

Johann Sporschil

Wanderungen durch die Sächsische Schweiz

Der Name »sächsische Schweiz« ist die geschmacklose Erfindung des vorigen Jahrhunderts, jetzt aber einmal zum Eigennamen geworden, dem einen anderen substituieren zu wollen ebenso weise wäre, als plötzlich alle Tore und Straßen einer Stadt umzutaufen und die geschichtlichen Erinnerungen, die sich daran knüpfen, zu verwischen, wie dies kürzlich in Leipzig geschehen ist. Zu jenem Teil des Elbhochlandes, der unter dem gedachten Namen allgemein bekannt ist, konnte man nicht umhin, auch die gleichartigen Gegenden, die eigentlich zu Böhmen gehören, einzubezirken, und erfand, um jedem Lande sein Recht widerfahren zu lassen, den wunderlichen, aber dennoch den Zweck, einen bestimmten Umfang von Naturschönheiten zu bezeichnen, erfüllenden Doppelnamen »sächsisch-böhmische Schweiz«. Diese interessante Gegend, in welcher die Natur die Geschichte einer ihrer vielen Wasser- und Feuerrevolutionen, ohne das Imprimatur irgendeiner Zentraluntersuchungskommission gleichsam in Frakturschrift erzählt, ist zwar jetzt in ihren Hauptpartien mehr ein großartiger, bequemer Park als eine Wildnis, aber eben darum dem Genusse einer größeren Anzahl Menschen erschlossen. Vordem war es anders, »vordem«, berichtet der gründlichste Kenner dieses interessanten Landstrichs, »suchte man, oft mit großen Umwegen, einen einsam wohnenden berühmten Führer auf, rüstete sich mit Fußeisen, unverwüstlichem Knotenstocke, Laterne, Stricken und Leiter, bahnte sich wohl selbst neue Wege, betrachtete den Besuch dieser Gegend als eine Reise, deren man sich lebenslang rühmen dürfe, widmete ihm meist eine ganze Woche, sah aber auch Herrlichkeiten, die jetzt fast völlig in Vergessenheit zurückgefallen sind und kaum noch unter hundert Reisenden von einem besucht werden. Allmählich wurden Behörden und Bewohner auf die wachsende Zahl der Reisenden – zu denen auch die sich mehrenden Schandauer und Giesshübler Badegäste kamen – aufmerksamer. Die Gasthäuser verfeinerten und mehrten sich; mitten in Wäldern, wohin man früher mit Brot und Fleisch bepackt keuchte, entstanden Sommer-Wirtschaften; auf und ohne

Befehl wurden die besuchten Pfade aufgeräumt und mit Wegsäulen versehen; Posten, Sänften, Gondeln, ja selbst Maultiere, drangen in die ehemaligen Wildnisse ein – und so bedurfte es nur noch der Chausseen, der verpflichteten Führer oder vielmehr Kleiderträger, der Speisesäle, der Kupferwerke und Taschenbücher für Schweiz-Reisende, um selbst die elegante Welt in Masse hierher zu ziehen und den Besuch der sächsisch-böhmischen Schweiz zu einer Vergnügungspartie zu machen. Diese Veränderungen kommen dem Greise und der Dame, die doch ebenfalls ihren Anteil an dem Genusse der Reize der Natur verlangen, trefflich zustatten; aber nicht minder bewirken sie ein Zusammendrängen der geputzten Welt auf einige gerade *en vogue* stehende Punkte und Wege, ein gänzliches Unbekanntbleiben von drei Vierteilen der Schönheiten dieser daran unerschöpflichen Gegend, eine Überfüllung der Gasthöfe, eine Teuerung in denselben, eine Zudringlichkeit der Jugend an die Reisenden, eine Bequemlichkeit und Maulfaulheit der meist unwissenden Führer, worüber der echte Naturfreund im Stillen seufzt und wobei er desto geneigter wird, seinen Weg allein, nach Anleitung oder doch Andeutung eines zuverlässigen Buches, dahin oder dorthin zu verfolgen, ohne sich um das zu kümmern, was modisch geworden. Eigentlich gehören die Gebirge der sächsisch-böhmischen Schweiz zu den kleinen Sudeten, die sich im Osten an die großen Sudeten, das Riesengebirge, und im Südwesten bei Giesshübel an das Erzgebirge anschließen. Das Haupttal dieser Gegend ist das Elbtal, welchem alle kleinern Gewässer dieser Gegend zueilen. Ihr tiefster Punkt ist die Mündung der Gottleube in die Elbe, der höchste auf ihrem rechten Ufer der Kaltenberg bei Kreibitz, auf dem linken der Schneeberg. Der ganze Landstrich bildet eine Kette von teils isolierten, teils

Die Sächsische Schweiz.

verbundenen Bergen, Hügeln, Felsentälern und Schluchten. Die Ansichten sind im allgemeinen auf dem rechten Elbufer schöner als auf dem linken. Eine üppige Vegetation schmückt die tiefen Täler, wohlbestellte Forsten decken die Bergwände überall, wo sie nicht aus Felsen bestehen. Sonst waren die finstern Wälder der Aufenthalt von Bären, Wölfen, Luchsen und wilden Katzen, jetzt sind diese Raubtiere längst verschwunden, und der letzte Luchs wurde in der Gegend von Schandau im Jahre 1743, am Schneeberg 1780 geschossen. Der Auerhahn, das Birk- und Haselhuhn, sonst sehr häufig, kommen jetzt nur selten vor. Der Edelhirsch wechselt, seitdem die Regierung nach dem Tode des großen Jagdfreundes Königs Friedrich August den Wildbestand außerordentlich vermindern ließ, jetzt fast nur mehr aus Böhmen hinüber nach der sächsischen Schweiz. Die zahlreichen Bäche liefern treffliche Forellen. An Seen, ja sogar an großen Teichen fehlt es diesem Landstriche gänzlich, und er entspricht hierin seinem Schweizernamen durchaus nicht. (...)

Die Bewohner des Gebirgslandes sind ein gesunder, kräftiger Menschenschlag, der sich durch Fleiß, Gefälligkeit und Reinlichkeit auszeichnet. An der Grenze zwischen Böhmen und Sachsen wirkt der Schmuggelhandel verderblich auf die Sitten, doch der Reisende hat nirgends etwas zu befürchten.

Josias Simler

Die Gefahren der Alpen

Ich will mich mit den Schwierigkeiten und Gefahren befassen, die der Reisende im Gebirge gewärtigt, und dann erörtern, auf welche Weise er ihnen begegnen kann. Die Wege in den Alpen sind schwierig und gefährlich, sei es, weil sie schmal sind, sei es wegen der Abstürze des Eises und Schnees, endlich auch wegen der Kälte der Winde und wegen der Unwetter.

Vor allem sind fast sämtliche Wege im Hochgebirge von Natur aus holprig und schmal; zuweilen hat man sie unter Aufwand von viel Arbeit und Mühe in den Fels gesprengt, aber dennoch sind sie so schmal, daß sie für Tragtiere kaum benützbar sind; an einzelnen Stellen übersteigt ihre Breite nicht zwei Fuß. Oft auch legt man da, wo der Pfad unterbrochen ist, von einem Felsen zum andern einen Balken anstelle einer Brücke, oder man errichtet eine Art schwebenden Weges, indem man in die glatten Felswände Stützen einläßt, über die Langhölzer gelegt werden, die man mit Rasenstücken und Reisigbündeln bedeckt. Häufig bieten die Straßen auch dort, wo sie nicht durch Felsen verengt werden, bei tiefem Schnee nicht die genügende Breite, so daß der vom Menschen ausgetretene Weg ohne Gefahr begangen werden könnte; denn in dem seitlich angehäuften weichen und tiefen Schnee bleiben die Reisenden stecken.

Das Eis erhöht in den Alpen nicht nur durch die Glätte die Schwierigkeiten der Wege, es verursacht noch andere, weit größere Gefahren. An nicht wenigen Stellen scheinen überhängende Felsen mit dem Einsturz zu drohen, die dem nichterfahrenen Reisenden großen Schrecken einjagen. Jedoch sind derartige Felsen selten gefährlich; weit öfter ist es das Eis, das von der Höhe auf die unterhalb befindlichen Wege abrutscht, sie bedeckt und unterbricht und die eben diese Stelle passierenden Reisenden meist schwer gefährdet.

Strabon schreibt über diese Gefahren folgendes: »Die oben befindlichen, zudem schlüpfrigen Eisschollen gleiten bis in die Täler hinab und bedecken vollständig die Pfade. Auch lagert oftmals neues Eis auf dem alten, vornehmlich, wenn Schneefall eintritt ehe die Sonne die alte, den Boden bedeckende Eiskruste ganz aufgezehrt hat.« Außerdem hat das alte Eis, das man des öfteren zu überschreiten gezwungen ist, tiefe Spalten von drei bis vier Fuß Breite, oft von mehr; wer hineinfällt, ist zweifellos verloren. Es kommt auch öfter vor, daß solche Spalten durch den frisch gefallenen, oder vom Winde angehäuften Schnee

verborgen sind; deshalb pflegen die Reisenden, die die Alpen überqueren, Leute, die die gefährlichen Stellen kennen, als Führer zu mieten. Diese legen ein Seil an, an das sie auch einige der ihnen folgenden Reisenden binden. Der vorangehende Führer prüft den Weg mit einem langen Stock und sucht behutsam nach den vom Schnee bedeckten Spalten. Wenn er unversehens in eine solche hineinfällt, unterstützen ihn die mit ihm durch das Seil verbundenen Gefährten und ziehen ihn wieder heraus. Wenn die Spalten nicht vom Schnee verdeckt sind, ist die Gefahr geringer; man muß sie dann mit einem Sprunge überqueren, denn hier gibt es keinerlei Brücken, es sei denn, daß die Leute an derartigen Örtlichkeiten, was aber selten der Fall ist, einen Transport von Tragetieren begleiten und Balken mit sich führen, mittels derer sie einen Steg für die Tiere herstellen.

Die größte aller Gefahren ist das Abgleiten des angehäuften Schnees, das die unsrigen Löuwinen, die Räter Labineae nennen, Bezeichnungen, die zweifellos von labare (gleiten) herrühren; auch der deutsche Ausdruck Lawine ist eine Entstellung von Labineae. Es genügt eine geringfügige Ursache, um die Schneemassen in Bewegung zu setzen; so, wenn sie an einem steilen und baumlosen Hang durch einen vorbeifliegenden Vogel, durch irgendein anderes Tier, durch heftigen Wind oder durch Geschrei vorübergehender Menschen erschüttert werden. Im letzteren Falle gibt das Zurückwerfen des Schalles, was man Echo nennt, den Anstoß, daß sich der Schnee in Bewegung setzt. Durch solche Erschütterungen, mögen sie auch noch so schwach sein, häuft sich der in Bewegung gesetzte Schnee zunächst zu einem Ball, der durch das Herabwälzen so groß und unförmlich wird, daß weitere Umdrehungen behindert werden. Alsdann gleitet er mit außerordentlicher, ständig zunehmender Gewalt und sich immer vergrößernd herab, so daß er Felsen und Bäume, Steinblöcke und Tiere, Menschen und Hütten, kurz alles, was sich auf seiner Bahn befindet, bis zum Fuße des Berges mit sich reißt. Die so niedergegangenen Schneemassen bedecken oftmals mehrere Morgen Landes; sie stürzen mit einem Getöse herab, daß die Erde selbst zu beben scheint und man, ohne von dem Vorgang zu wissen, aus der Ferne das Rollen des Donners zu vernehmen glaubt.

Hias Rebitsch

In der Goldkappel-Südwand

Durch Mauerhaken und Doppelseil vom Gefährten her gesichert, klebe ich am großen Wulst der Goldkappel-Südwand. Die rechte Hand greift höher, bekommt eine scharfkantige Leiste zu fassen. Vorsichtig ziehe ich mich an ihr hoch. Da höre ich ein feines Knistern, spüre ein Nachgeben des Griffes. Er bricht?! Wie ein elektrischer Schlag durchzuckt es mich – Absturz, das Ende... Nicht stürzen!!! Blitzschnell tappe ich nach einer winzigen Schuppe über mir – sie splittert ab. Die nächste, die dritte – alle brechen...

Meine Füße stützen sich noch auf die Tritte unter dem Knick des Überhanges, doch die Hände greifen schon keinen Fels mehr. Der Oberkörper wird von einer Riesenfaust hintenüber, nach abwärts gerissen. Ich darf mich nicht überschlagen, nur nicht rücklings, nicht kopfunter fallen. Ich muß vom Fels wegspringen! Alles in mir sträubt sich gegen diese wahnwitzige Vorstellung, schreit danach, die

Tuchfühlung mit dem Fels nicht zu verlieren, um mich an ihm noch halten, noch retten zu können. Doch der Instinkt ist stärker und zwingt mir das Handeln auf. Ich schnelle mich mit den Beinen weg von der Wand, in die Luft, in den gnadenlosen, furchtbaren Abgrund hinaus...

Die rasende, grauenhafte Höllenfahrt beginnt. Noch erfasse ich es voll, das Entsetzliche, nehme die Vorgänge um mich noch bewußt auf: Ein kurzer Bremsruck. Ich registriere – der erste Haken ist gegangen. Der zweite. Ich schlage am Fels an, schleife an ihm hinab, will mich noch wehren, mich an ihm verkrallen. Aber weiter, unaufhaltsam, schleudert mich eine Urgewalt hinab. Verloren. Aus...

Und nun fühle ich keine Angst mehr; die Todesfurcht ist von mir gewichen, jede Gefühlsregung und Sinneswahrnehmung ausgelöscht. Nur mehr Leere, völlige Ergebenheit in mir und Nacht um mich. Ich »stürze« auch nicht mehr, ich schwebe bloß sanft auf einer Wolke durch den Raum, befreit von Erdgebundensein, erlöst. Nirwana...?

Hab' ich das dunkle Tor zum Totenreich schon durchschritten? In die Finsternis um mich kommt plötzlich Helligkeit und Bewegung. Aus dem Ineinanderwogen von Licht und Schatten lösen sich Linien heraus; erst schemenhaft verschwommen, nehmen sie erkennbare Formen an. Naturalistische – menschliche Gestalten und Gesichter, eine altvertraute Umgebung. Wie auf einem inneren Bildschirm flimmert ein Stummfilm auf; in Schwarzweiß. Ich sehe mich darin – als Zuschauer ihm gegenüber – wie ich, kaum an die drei Jahre alt, zum Krämer nebenan tripple. In der kleinen Hand den Kreuzer fest umschlossen, den mir meine Mutter gegeben hatte, damit ich mir ein paar Zuckerln kaufe. Szenenwechsel: Als Kleinkind gerate ich mit dem rechten Bein unter eine umfallende Bretterlage. Der greise Großvater, an einem Stock humpelnd, müht sich ab, die Bretter hochzuheben. Mutter kühlt und streichelt meinen gequetschten Fuß. Zwei Ereignisse, an die ich mich sonst nie mehr erinnert hätte.

Weitere Bilder aus meiner frühesten Kindheit flimmern auf; raschwechselnd, bruchstückhaft, kaleidoskopartig durcheinandergewirbelt. Das Zelluloidband ist gerissen: Lichterschlangen fahren wie Blitze durch einen leeren, schwarzen Hintergrund; Feuerkreise, sprühende Funken, flackernde Irrlichter: (mein Schädel schlug an die Wand an?)

Der Streifen läuft wieder. Seine Projektionen stammen aber nicht mehr aus der Zeit meines jetzigen Lebens. Und ich sehe mich auch nicht mehr auf der »Leinwand« als bloßer unaktiver Zuschauer. Ich bin aus dem Film herausgetreten, agiere jetzt selber, körperlich, lebend, auf der raumhaft gewordenen »Bühne«; stehe als gewappneter Knappe in einem hohen Rittersaal; Edelleute in Prunkgewändern, aufgeputzte Burgfrauen, Pagen. Humpen kreisen, buntes Treiben.

Vorbei, wie abgehackt. Neue turbulente Einstellungen aus solch ferner Zeit zucken auf. Dann schält sich ein ruhigbleibendes Motiv heraus: Ich schreite hinter einem Holzpflug her über Ackerland in breiter Ebene. Wolkenschiffe segeln darüber hin.

Abrupte Überblendung in ein Schlachtgetümmel: Wilde, fremde, langzottelige Reiter stürmen an, Spieße fliegen. Todesnot! –

Alles lautlos, gespenstisch.

Plötzlich ein Ruf aus weiter Ferne: »Hias!« und wieder: »Hias, Hias!« – Ein innerer Anruf? Der eines Kampfgefährten? Auf einmal gibt es keinen Reiterkampf und keine Todesnot mehr. Nur Ruhe um mich und übersonnten Fels vor meinen Augen; sie haben sich geöffnet. Der Film ist aus, die Klappe hat sich geschlossen. Das aufgestoßene Fenster hinab zu Tiefen der Vergangenheit ist wieder dicht verrammelt. Und nochmals der angsterfüllte Schrei: »Hias, Hias! Bist du verletzt? Wie geht's dir?« Der Ruf kommt aus dieser Welt, von oben, vom sichernden Freund.

Wie es mir geht? Ich finde mich in einer sonderbaren Situation wieder. Hänge wie ein zusammengeschnürter Mehlsack an zwei Seilen über einem Abgrund und schaukle hin und her und ringe nach Atem. Da erst begreife ich es – ich habe einen 30-Meter-Sturz überstanden, bin von einer langen Reise rückwärts durch mein Leben –, auch durch ein vorangegangenes? – zurückgekehrt, bin wieder in meinen Körper geschlüpft.

Wenn ich manchmal an diese dramatische Ersteigung denke – bei der der Sensenmann noch zweimal nach mir griff –, dann beschäftigt mich vor allem der merkwürdige

»Film«, welcher während des Sturzes auf einem »inneren Bildschirm« vor mir abrollte. Daß er tatsächliche Begebenheiten aus meiner frühesten Kindheit – als ich halbwegs aufzufassen begann – wiedererstehen ließ, ist noch verständlich. Doch die nachfolgende »Geschichte« von Ereignissen, die sich schon vor Jahrhunderten im Leben von Vorfahren zugetragen haben mußten – waren sie bloß zufällige, beziehungslose Phantasieprodukte, wie Traumgebilde? Oder genetisch weitergetragene Erinnerungen? Es ist zumindest möglich, sogar wahrscheinlich, daß meine Urahnen derartiges erlebten! Spiegelten sie vielleicht doch wirkliche Erlebnisse von ihnen wider? Nachhaltige Eindrücke, die über viele Generationen hinweg in tiefsten Schichten der Psyche aufgespeichert und als unbewußtes Erbgut in der Geschlechterfolge weitergegeben wurden? Brach unter der ungeheuren seelischen Belastung während des Sturzes ein Sperriegel, und wurden solche Aufspeicherungen durch Steigrohre des Unterschwelligen wieder ins Bewußtsein heraufgeschleudert? – Buddhas Lehre von den Wiedergeburten? Es gibt Dinge zwischen Himmel und Erde, von denen sich die Gelehrten nur ungern was sagen lassen – sich aber doch so langsam dazu bekennen werden müssen . . .

Roger Gerhardy

Bei den Patenkindern des Himmels

Vor langer, langer Zeit, als die Erde noch jung und übermütig war, wollte sie einmal hoch hinaus, wollte sie dem Himmel Konkurrenz machen. Doch der Himmel, der in der Ebene manchmal so greifbar nah zu sein schien, er wurde, je mehr sie sich aufplusterte, um so durchsichtiger, unnahbarer. Selbst der Horizont, im Flachland und an der See der Stützpunkt des Himmels, verlor an Bedeutung. Etwas so schwereloses wie der Himmel ein paar tausend Meter über dem Meeresspiegel braucht keine Krücken.

Doch die Erde gab nicht nach, warf ihren ganzen Ballast ab, auf den sie zunächst so stolz gewesen war, ließ zuerst die Bäume zurück, dann die Latschen, die Blumen, die Gräser, schließlich auch noch die Moose, türmte nur noch nackte Felsen aufeinander. Irgendwie, so redete sie sich ein, mußte diesem eingebildeten, hochnäsigen Stück Himmel doch beizukommen sein. Doch dann wurde sie müde, die

Puste ging ihr aus, sie erstarrte mitten in ihrer Himmelsstürmerei, sie gab sich geschlagen.

Der Himmel jedoch zeigte sich als großmütiger Sieger und schenkte der Erde dort, wo sie sich aufgelehnt hatte, einen Hauch von Himmel. Er behängte sie mit Geschmeiden aus blaugrün schimmernden Gletschern; zog ihr Schneefelder an, in die alle Diamanten der Welt hineingewoben waren; ließ die Sonne heller scheinen und die Milchstraßen der Sterne kräftiger funkeln als über den Tälern.

So entstanden die Berge.

Und so entstand auch das Bergsteigen. Gehen, wo die Erde die Niederungen hinter sich läßt, um ein Stück vom Himmel zu erhaschen; gehen über Firnfelder, in deren Eiskristallen sich das Sonnenlicht mit jedem Schritt in neuen, nicht vorauszuberechnenden, funkelnden Strahlenbündeln bricht; gehen, wo die Luft zwar dünn, aber klar ist, wo der Wind durch keinen Baum mehr gebremst wird, wo die Wege zwar steil, aber ungemein verlockend sind, dort zu gehen, das ist bergsteigen.

Die Romantik also ist es, die Gipfelstürmer in die Höhe treibt, die blaue Blume der Romantik, die selbst in Gletscherspalten noch blüht? Und warum auch nicht? Doch bevor die Romantik – in unserer verplanten Welt die Leidenschaft der Unzeitgemäßen – ins Kraut schießen kann, muß man erst den Boden auflockern, und das ist eine Knochenarbeit, die einen Romantiker schnell zum Rationalisten erkalten lassen kann.

Wochenlang war man Dauergast des Trimmdich-Pfades am Stadtrand, hat man das wöchentliche Schwimmpensum verdoppelt, trotzte man den Nikotingenüssen mit der Standhaftigkeit des Wüstenvaters Antonius. Dann endlich war der Starttag in den Urlaub da. Und es regnete. Die Hoffnung hatte eine Galgenfrist von fast 400 Kilometern, exakt der Strecke bis zum Kandersteg-Tunnel. »Wenn wir da durch und im Rhône-Tal sind, scheint die Sonne«, orakelte Bergfreund Gerd mit seinem auch durch zahllose Wetterstürze nicht erschütterten Optimismus, mit einem Glauben, der durch Verfolgungen nicht wankender, sondern fester wurde. Der Tunnel kam und ging. Es regnete. Wir machten Quartier in Saas Grund. Es regnete.

Da stehst du mit deiner schönen Kondition, und kannst nichts damit anfangen. Betrachtest traurig deine nicht gerade billige, nun aber nutzlose Ausrüstung, stehst da wie ein Rennwagenbesitzer, der auf einer handtuchgroßen Insel zwar den Motor anlassen, aber nicht losfahren kann, weil er dann unweigerlich nasse Füße bekäme. Mit gebremster Begeisterung stapfst du ein paarmal bis zur Baumgrenze, starrst sehnsüchtig in die Wolken, hinter denen sich die Gletscher der Viertausender verbergen.

Dann, als die Hoffnung nur noch auf Krücken geht, weissagt das Radio, Petrus gedenke einige Tage Sonnenschein zu spendieren, und schon am nächsten Abend bist du auf der Mischabelhütte, einer urgemütlichen Holzschachtel, die in 3300 Meter Höhe auf einen Felsvorsprung geklebt ist. Mit den Tälern, mit ihrem Geschiebe und Gedränge hast du von diesem Augenblick an nichts mehr zu tun. Von Saas Grund, fast 2000 Meter unter dir, schimmern durch die Dunkelheit ein paar Lichter herauf, während es hier oben noch fast hell ist, die untergehende Sonne die umliegenden Gletscher und Schneefelder verzaubert.

Wie sehr der Reiz des Bergsteigens darin besteht, das zu tun, was im Alltag absolut nicht vorkommt, zeigt sich schon morgens, beim Aufstehen, denn um 3 Uhr ist Hüttenwacht. Ausgesprochener Morgenmuffel, der du gewöhnlich bist, stehst du hier zu dieser unchristlichen Stunde geradezu schwungvoll auf, schlürfst deinen heißen Tee, ißt zwei Knäckebrote, stopfst dir als Wegzehrung Studentenfutter in die Anoraktaschen, schnürst dir die schweren Bergstiefel an, schwingst dir den Rucksack ins Kreuz, und um Viertel vor vier stapfst du ab ins Gelände. Langsam versuchst du den richtigen Schrittrhythmus zu finden, denn Herz und Atem dürfen nicht so schnell arbeiten, daß du zu ihrer Beruhigung dauernd Verschnaufpausen einlegen mußt. In solchen Pausen werden die Muskeln in dieser Höhe sehr schnell kalt, und es strengt an, sie wieder auf optimale Betriebstemperatur zu bekommen. Andererseits darfst du nicht bummeln, da sonst, bis du zum Gipfel kommst, der Firn weich und sulzig wird, so die doppelte Kraft erfordert.

Insgesamt vier Seilschaften sind unterwegs zum Gipfel. Die Lichtkegel ihrer Stirnlampen kriechen wie Glühwürmchen über den Hang, konkurrieren mit dem Glitzern der Sterne. Am Gletscherfuß machen wir eine Pause, schnallen die Steigeisen an, binden das Brustgeschirr um, hängen das Bergseil in die Karabiner. Jenseits des Tales, hinter der Weißmiesspitz, präpariert sich derweil der Himmel für den Tag, spielt sein ganzes Farbrepertoire durch, ist sich offensichtlich noch unschlüssig, welche Tönung er dem Tag geben soll, mischt Rot mit Gelb- und Blautönen, spreizt sich wie ein

Pfau. Im Südosten räkelt sich die Venus, der Morgenstern, aus dem Gipfelgewirr.

Tapsig wie ein Jährling versuchst du die ersten Schritte auf dem Gletscher, stelzt breitbeinig, damit sich die Steigeisen nicht ineinander verhaken, setzt den Fuß bewußt gerade auf, damit wenigstens zehn der zwölf Zacken des Steigeisens Halt geben. Die fast senkrechte, vereiste Wand des Nadelgrats links neben uns glüht im Licht der aufgehenden Sonne wie ein riesiger roter Rubin, während wir noch im Schatten über das Eis stapfen. Am Steilhang des Gletschers werden die Schritte noch langsamer, die Beine tun so, als wollten sie sich nur noch auf Rezept bewegen.

Zur Entschädigung dürfen die Augen ein Fest feiern. Die Weißmiesspitz verdeckt für uns noch die aufgehende Sonne, die jedoch schon am Weißmiesgrat vorbei Lichtbahnen in den Morgendunst der Täler schiebt, Konturen ferner Gipfel aus den Nebeln meißelt. Und was sie mit ihren Farbspielereien in der letzten Stunde andeutete, womit sie kokettierte, macht sie in dem einen Moment wahr, in dem sie – von unserem Standpunkt aus – direkt über dem Gipfel der Weißmies aufgeht, Körbe voll Licht über uns ausschüttet, funkelt und gleißt, als hätte es nie Regen und Nebel und Warten auf günstiges Wetter gegeben. Schwimmen möchte man in diesem Meer von Licht, jodeln vor Freude und ist doch stumm. »Mein Gott, ist das schön«, murmelt Gerd nach einer Weile, bevor wir weitergehen.

Bißchen viel Romantik, zumindest für einen Außenstehenden ein bißchen viel Romantik?

Für einen Außenstehenden – vielleicht. Für einen, der dabei war – kaum. Denn für einen solchen Augenblick hast du gezahlt, nicht mit Geld, sondern mit Zeit, mit wochenlangem Training, mit dem Hoffen auf günstiges Wetter, mit Angst schließlich, als anfangs das Wetter dann doch nicht so günstig war, Angst, daß die ganze Plagerei umsonst gewesen sein könnte. Und beim Aufstieg selbst hast du dann etwas getan, was du daheim, von Terminen und Telefonen verfolgt, kaum einmal tust, hast Herzschlag und Atem kontrolliert, hast beides mit deinem Schrittrhythmus koordiniert, hast dabei so intensiv in dich hineingehorcht, wie du es sonst vielleicht nie tust, hast so ein ganz neues Verhältnis zu dir bekommen, bist sensibler geworden, so sensibel vielleicht, daß es einem anderen unnormal vorkommen könnte.

Aber was die daheimgebliebene Menschheit von dir denkt, ist dir in solchen Momenten egal. Die dicke Luft dort drunten im Tal kennst du nur noch vom Hörensagen, und mit jedem Atemzug gönnst du deinen Lungen eine prikkelnde, erfrischende Dusche.

Das wäre die eine Seite des Bergsteigens. Die andere wäre, daß außer der Romantik auch die zwischenmenschlichen Beziehungen in der dünnen Bergluft ausgezeichnet gedeihen. Etwa eine Stunde nach Sonnenaufgang auf dem Gipfel des Nadelhorns angelangt, lernen wir dort oben ein Ehepaar aus San Remo kennen, Giacomo Talone und seine Frau, ein Wesen mit wieselflinken Augen und einer ebensolchen Zunge. Sie sieht aus wie Giulietta Massina, Federico Fellinis Gemahlin und Hauptdarstellerin seines Films »La Strada«.

Wir geben ihnen etwas von unserem Studentenfutter – weshalb auch sollen immer nur wir dieses trockene Zeug herunterwürgen? –, sie geben uns ein paar Schlucke von ihrem Gebräu aus heißem Wasser und Rotwein, ein ungeheuer belebendes Gemisch. Gemeinsam bummeln wir zu Tal, genehmigen uns zur Feier des Berges auf der Mischabelhütte einen doppelten Enzian, löffeln zusammen eine heiße Erbsensuppe, die mit allen Köstlichkeiten der Erde gewürzt zu sein scheint, und lassen uns von den beiden in ihre Ferienwohnung in Saas Fee zu einer Brotzeit einladen.

Echte Salami gibt es. Giulietta bringt eine Korbflasche Chiantiwein. Als die leer ist, noch eine. Aus dem Wort »Chianti« macht Giulietta einen Dreiklang, eine Arie, in der die ganze Lebenslust Italiens funkelt. Im roten Chianti glüht noch einmal der ganze Tag auf, der

Zauber der aufgehenden Sonne, die Freude darüber, Freunde zu haben. Schließlich verstärkt der Chianti auch die Müdigkeit, die sich von den Beinen her im Körper breitmacht.

Das letzte Stück Weg von Saas Fee nach Saas Grund trampen wir. Man soll schließlich nichts übertreiben, auch das Laufen nicht. »Jeder Tag hat genug an seiner Plage« heißt es schon im Alten Testament. Giacomo gab mir noch seine Visitenkarte, damit ich ihm Gipfelfotos schicken könnte. Ich hab sie verbummelt. Hoffentlich sind Giacomo und Giulietta im fernen San Remo nicht zu traurig darüber.

Besteigung des Montblanc, als Etikette auch am Berg noch eine große Rolle spielte.

Leonardo da Vinci

AUF DEM MONBOSO

Im Jahre 1511, also als Sechziger, bestieg Leonardo den von ihm »Monboso« genannten Berg. Es ist dies der heutige Monte Bô (2566 m) im Monte-Rosa-Gebiet.

... und dies wird sehen, wer wie ich auf den Monboso geht: Er erhebt sich zu solcher Höhe, daß er fast alle Wolken überragt, und selten fällt dort Schnee, sondern bloß Hagel im Sommer, wenn die Wolken in der höchsten Höhe sind. Ich fand das Eis Mitte Juli sehr dick. Und ich sah die Luft über mir dunkel und die Sonne, die auf den Berg fiel, hier viel leuchtender als in den niedrigen Ebenen, weil die geringere Dichte der Luft sich zwischen den Gipfel und die Sonne schob.

Ulrich Aufmuth

Der Technokrat

Mein Freund Peppi ist ein vollkommen wetterunabhängiger Alpinist. Fällt einmal eine Tour wegen schlechter Witterung aus, dann ficht das den Peppi nicht im geringsten an. Er verlegt seine Bergbegeisterung einfach ins heimische Wohnzimmer. Dort baut er dann zwischen Tür und Fensterkreuz mit Hingabe komplizierte Rettungsflaschenzüge. Oder er poliert seine Schlosserei, in der die ausgefallensten Stifte vertreten sind. Zur Zeit bastelt er an einem Mininotstromaggregat für seine Stirnlampe, das automatisch in Funktion tritt, wenn einmal die Batterie ausfallen sollte. Das köstlichste geistige Labsal sind für Peppi die Kataloge der Bergausrüster und die Untersuchungsberichte der alpinen Materialprüfungskommissionen. So weiß Peppi bis aufs Gramm genau die Bruchlast aller Seilfabrikate anzugeben, er kennt die chemische Zusammensetzung der Steigeisenlegierungen, und er ist exakt darüber informiert, wieviel rote Blutkörperchen der Mensch auf dem Montblanc pro Minute produziert.

Peppi beherrscht so manches alpin-technische Kunststück. Unter den Bergsteigern, die mir begegnet sind, ist er der einzige, der es fertigbringt, im Dunkeln einhändig den vierfach quergeschlungenen Achterknoten zu knüpfen. Und das in sechs Sekunden.

Peppi macht mit Feuereifer alle Lehrgänge mit, die ihm irgendwie zugänglich sind. Vergangenes Jahr war er siebenundzwanzig Tage auf Ausbildung. Zum Bergsteigen blieb ihm gar keine Zeit mehr. Aber das hat er nicht vermißt.

Auch auf einfachen Fußwanderungen hat Peppi immer einen Riesenrucksack dabei. Da ist lauter absolut notwendige Ausrüstung drin. Zum Beispiel ein Minizelt, ein Kurzwellensender mit Solarbatterie, ein Spezialeispickel, den man auch als Regenschirm, als Angel oder als Schaufel verwenden kann, außerdem Notproviant für vier Tage, natürlich auch immer ein Seil samt Haken, Klemmkeilen, Rurps' und Firnankern (kann man doch nie wissen, ob der Weg einmal abgerutscht ist oder vereiste Stellen vorkommen).

Touren mit Peppi zusammen sind außerordentlich lehrreich. Auf Schritt und Tritt erfährt man, wie leichtsinnig man ist, wie rückständig und wie miserabel ausgerüstet. Man kommt schließlich zu der Einsicht, daß es ein unwahrscheinlicher Glücksfall ist, daß man noch unter den Lebenden weilt.

Peppi ist stolz darauf, daß auf den von ihm ausgeschriebenen Führungstouren noch nie das Kleinste passiert ist. Es kann da aber auch gar nichts passieren. Die Touren finden nämlich niemals statt. Da ist immer ein Umstand, der zu ernsthaftesten Bedenken Anlaß gibt: Das Azorenhoch ist noch nicht hundertprozentig aufgebaut, die Wege sind feucht vom tags zuvor gefallenen Regen, der letzte Schnee ist noch nicht ganz abgetaut... An einer Wochenendklettertour hat Peppi vierzehn Tage lang den intensivsten Genuß. Zehn Tage lang studiert er jeden erreichbaren Kletterführer, jeden verfügbaren Bildband. Dementsprechend exakt vermag er seine Kletterausrüstung zu planen: Für jenen Quergang einen 12-Zentimeter-V-Profilhaken, für den Riß einen Klemmkeil (Hexentric) 22 mm, für das Abseilköpfl eine Bandschlinge, 37 cm Durchmesser, und so fort. Der Nahrungsmittelbedarf wird präzise ermittelt (natürlich in Joule) und optimal aufgeteilt in Kohlehydrate, Eiweiß und Fette. Als Getränk kommt nur Elektrolyt in Frage, doppelt mineralisiert. Für diese Materialvorbereitungen setzt Peppi zwei Tage an. Einen Tag benötigt er für die Einstellung einer präzisen Anstiegsskizze. Man könnte ja in den totalen Nebel kommen! Wegdistanzen werden auf den Meter exakt berechnet, Marschzahlen ermittelt, Neigungswinkel errechnet, Anstiegsminuten addiert und Höhenprofile maßstabsgerecht angefertigt.

Über diesen theoretischen Vorbereitungen vergißt Peppi keineswegs das körperliche Training. Täglich absolviert er einen Waldlauf, wobei er eine Bleiweste trägt, deren Gewicht genau dem vorausberechneten Rucksackgewicht entspricht. Natürlich läuft er in Bergschuhen. Abends und morgens macht er Muskelübungen, in denen er die Bewegungen simuliert, die an den Schlüsselstellen der jeweiligen Tour zu vollziehen sind.

Der Tag der Tour ist schließlich da. Es gießt in Strömen. Peppi ist heiter: Kann er sich doch nunmehr an jenem Bericht über die Transpirationseigenschaften von Bergsocken erfreuen, der ihm gestern in die Hände gekommen ist.

Wilfried Schwedler

Die Himmelsstürmer

»Wahrlich, von allen Betätigungen, in denen eine ehrbare Erholung gesucht wird, ist für die geistige und körperliche Frische keine wohltuender als das Bergsteigen. Steigt man nämlich nach harter Arbeit und Mühe hinauf, wo die Luft dünner und reiner ist, so erneuern sich einerseits die Kräfte, während der Mensch andererseits ausdauernder wird auch für die schwersten Pflichten des Lebens.«

Diese Sätze stammen vom prominentesten geistlichen Alpinisten der Neuzeit, von Pius XI., der als Bergsteigerpapst in die Geschichte einging. Als er zwischen 1922 und 1939 das höchste Kirchenamt bekleidete, hatte er allerdings keine Zeit mehr für die geliebten Berge. Aber mit seinen Gedanken kam er nicht von ihnen los. So erklärte er 1924 Bernhard von Menthon zum Schutzheiligen der Alpinisten, auch führte er die »Benedictio instrumentorum« ein, den päpstlichen Segen für Bergsteigergeräte wie Eispickel, Seil und Alpstock.

Doch als er noch schlicht Achille Ratti hieß und als Priester in Mailand wirkte, galt der junge Mann unter Eingeweihten bereits als extremer Alpinist. So durchstieg er 1889 die Monte-Rosa-Ostwand, und ein Jahr später glückte ihm die Erstbegehung der heutigen Montblanc-Normalroute über den Dôme-Gletscher.

Papst Johannes Paul II. wandelt auf den Spuren seines Vorgängers im Gebirge. Auch er will geistige und körperliche Frische gewinnen, freilich auf weniger extreme Weise. So begnügt er sich mit ausgedehnten Touren in den Albaner Bergen, in den Abruzzen oder in den Dolomiten.

Aber auch heute noch sind nicht wenige geistliche Würdenträger zu den gestandenen Alpinisten zu zählen. So etwa der Augsburger Oberhirte Josef Stimpfle, der selbst noch mit über siebzig auf Viertausender im Wallis steigt. Seinen Kölner Amtsbruder Joachim Kardinal Meisner hat er immerhin in die Allgäuer Berge geführt. Der Innsbrucker Bischof Reinhold Stecher durchkletterte früher so manche extreme Wand und geht heute noch gern mit Jugendgruppen in die heimatlichen Berge. Auch Bischof Wilhelm Egger von Bozen-Brixen ist ein Höhenwanderer aus Überzeugung, wie er sich bescheiden nennt. Dabei hat er erst kürzlich wieder einen ansehnlichen Dreitausender bestiegen, den Cevedale in der Ortlergruppe.

Die alpinistischen Aktivitäten der Seelenhirten stoßen bei ihrer Herde oft auf ungläubiges Staunen. Eine Anekdote mag das belegen, die Kardinal Julius Döpfner gern zum besten gab.

Mit seinem Sekretär stieg er einmal bei sehr schlechtem Winterwetter im bayerischen Vorgebirge umher und kehrte schließlich durchnäßt in eine Bergwirtschaft ein. Der Wirt fragte, ob sie Vater und Sohn seien. »Nein«, antwortete Döpfner: »Wir sind zwei Geistliche. Ich bin der Kardinal von München, und er ist mein Sekretär.« Darauf die Wirtin: »Na, dös glaub' i net, bei so an Wetter läuft kein Kardinal in der Gegend herum!«

Blättert man im Geschichtsbuch des Alpinismus, stößt man unter den Erstbegehern schwieriger Gipfel in den Ost- und Westalpen auf viele Priester und Ordensbrüder. Was trieb sie dazu? War es ein Nebeneffekt ihres geistlichen Berufs, der ja mit dem Himmel gleich über den Gipfeln zu tun hatte? Oder verfügten sie, wenn nicht gerade Sonntag war, über mehr Zeit als ihre Herde? Eines ist jedenfalls sicher: Der Leibhaftige war für sie theologisch kein Problem, folglich auch nicht die Dämonen, welche der mittelalterliche Aberglaube hoch in den Bergen ansiedelte.

Dafür gibt es ein charakteristisches Beispiel. 1364 erließ der Stadtrat von Luzern ein strenges Verbot, die Hochregion des Frakmont zu betreten. Dieser Hausberg von Luzern, der später in Pilatus umgetauft wurde, schickte damals nach Gewittern verheerende Wassermassen zu Tal. Das schrieb man dem Zorn des römischen Statthalters Pilatus zu, dessen ruhelose Seele angeblich hoch oben in einem kleinen See hauste. Um sie nicht zu beleidigen, verbot es der Stadtrat, Steine ins Wasser zu werfen oder gar den Namen Pilatus zu rufen.

1387 stiegen sechs Priester aus Zürich und Luzern auf den Frakmont, um zu beweisen, daß die Pilatussage auf Aberglauben beruhe. Wie es an heißen Sommertagen üblich ist, bildete sich ein Gewitter, obwohl man weder einen Stein in den Tümpel geworfen noch

Pilatus geschmäht hatte. Als die sechs Priester nach Luzern zurückkehrten, wurden sie sogleich eingesperrt.

Vom Mittelalter zur Geburtszeit des Alpinismus: Bergsteigen war damals hoffähig auch auf der höchsten Ebene der geistlichen Hierarchie. So organisierte und finanzierte der Kärntner Fürsterzbischof und spätere Kardinal Franz Xaver Altgraf von Salm-Reifferscheid die Ersteigung des Großglockners am 28. Juli 1800. Man könnte ihn als Expeditionsleiter im klassischen Stil bezeichnen, denn er blieb im Basislager auf der Adlersruhe.

Dagegen gelang 1841 dem damals 32jährigen Salzburger Fürsterzbischof Kardinal Schwarzenberg höchstpersönlich die erste touristische Besteigung des Wiesbachhorns. Der Kardinal war in hervorragender Kondition, wie seine Gehzeit über die 2400 Meter hohe, schwierige Ostflanke beweist. Vom Tal aus erreichten er und seine Begleiter den Gipfel in neun Stunden und kehrten noch am selben Tag ins Tal zurück.

Auch ein gewisser Pater Corbinian Steinberger aus dem bayerischen Ruhpolding muß recht gut in Form gewesen sein, als er 1851 den Glocknergipfel nur – wie er ins Tagebuch schrieb – »mit einem Seidel Wein und einem

Stück Hausbrod« packte. Dies als Alleingänger und in einem Tag von Heiligenblut hinauf und wieder zurück. Pater Corbinian, der seine Touren immer allein machte, schrieb nach seiner Ersteigung der Königspitze, als er beim Rückweg eine äußerst gefährliche Randkluft überwunden hatte:

»Wer nie in seinem Leben recht gebetet hat, den wird gewiß die Not beten lehren. Und ich glaube sogar, daß ein Gottesleugner in solchen Augenblicken der äußersten Hilflosigkeit wie von selbst und gleichsam unwiderstehlich zum Gebet seine Zuflucht nehmen wird.«

Noch zahlreiche Gottesmänner prägten im 19. Jahrhundert den Alpinismus. Stellvertretend für sie sei Gletscherpfarrer Franz Senn genannt, der ab 1860 elf Jahre lang Seelsorger des Weilers Vent im hintersten Ötztal war. Er gilt als Symbolfigur für die touristische Erschließung der Ostalpen. Am eigenen Leib erfuhr Kurat Senn den großen Erholungs- und Erlebniswert der Hochgebirgsnatur. Das brachte ihn auf den Gedanken, dieses Kapital zunächst einmal für seine ärmlich lebenden 50 Seelen in Vent zu aktivieren. Folglich baute Franz Senn sein Pfarrhaus zu einer bescheidenen Touristenherberge aus, ließ zahlreiche Wege anlegen, regte den Bau von Unterkunftshütten an und bildete seine Bergbauern zu Führern aus.

»Die Schönheit der Alpen ist nicht das Eigentum einzelner, sondern aller, die sie genießen wollen:« Dieser Kernsatz aus einer Denkschrift des Gletscherpfarrers hatte nicht absehbare Folgen. Heute ist der Alpinismus zum Massenphänomen geworden, mit gravierenden Auswirkungen auf den Naturhaushalt. Andererseits trägt das Bergsteigen für jene Menschen, die in der Natur Gottes Schöpfung erkennen, noch immer zutiefst individuelle Züge. – So sieht jeder den Berg anders, weil im Bergerlebnis ein gutes Stück Selbsterfahrung steckt. Das wird besonders deutlich auch aus Äußerungen von Geistlichen, die heute ihre Freizeit häufig im Hochgebirge verbringen. Sicher, auch sie suchen »ehrbare Erholung«, wie es Pius XI. formulierte.

Der Münchner Jesuit und Philosophieprofessor Albert Keller erfährt das Bergsteigen auch gleichnishaft. Nicht selten seien schöne Wegstrecken interessanter als der Gipfel selbst. Oder man wähle eine schwierigere Aufstiegsroute, wo doch eine bequemere vorhanden ist: Das gebe Aufschluß über ein bestimmtes menschliches Verhalten, daß man eben nicht immer das Leichtere suche, sondern auch an Schwierigkeiten Spaß haben könne.

Für so manchen Gottesmann beinhaltet das Bergsteigen auch eine zutiefst religiöse Dimension. Bischof Stimpfle bekennt, daß er auf den Bergen eine innere Nähe zu Gott und seiner Welt spüre. Ein Mitbruder von Jesuitenpater Albert Keller meint sogar, daß er keinen Gottesbeweis brauche, wenn er von Gipfeln aus die Natur übersehe.

An solche individuellen Erfahrungen denkt Bischof Egger von Bozen-Brixen, wenn er betont, wie wichtig es sei, den Lebensraum der Berglandschaft zu erhalten: Der Christ müsse sich für den Umweltschutz auch deshalb engagieren, damit bestimmte Formen des Menschseins nicht verlorengingen, nämlich die Möglichkeit, die Wunder der Schöpfung in ihrer Ursprünglichkeit zu sehen. Bischof Reinhold Stecher von Innsbruck schließlich deutet die Botschaft der Berge theologisch: »So führen die Berge viele Menschen an jene Grenze, die man die Schwelle des Glaubens nennt. Und sie tun es so still und unaufdringlich behutsam und vornehm, und gerade deshalb tun sie es so eindrucksvoll.«

Die schlichte Inschrift auf einem Bergkreuz unter der Wildspitze im Ötztal paßt gut dazu: »Viele Wege führen zu Gott – einer geht über die Berge!«

Heinrich Noé

Der Mordskerl und der Wilderer

Der Seethaler war ein stämmiger Bursche, königlicher Jagdgehilfe, und die Wilderer sagten ihm nach, daß er »keinen guten rauche«. Auf der anderen Seite aber gibt es auch unter den Wilderern verwegenere Kerle, als sonst überall im ganzen bayerischen Gebirge. Ein Wilderer von Hohenschwangau, Partenkirchen, Mittenwald ist ein armseliger Tropf gegen die Gestalten, welche von Zeit zu Zeit in dem endlosen Krieg des unberechtigten gegen den berechtigten Jäger auf den Bergen des Berchtesgadener Landes auftauchen.

Und gerade ein solcher war es, mit welchem der Seethaler einmal auf der Berchtesgadener Kirchweih in einem kleinen Wirtshause zusammentraf.

Ich nenne den Feind des Seethalers kurzweg Hans und bemerke, daß er allgemein als ein »Mordskerl« galt. Die beiden wußten wohl, wessen sich der eine vom anderen zu versehen hatte, der Krieg war ohne Erklärung längst zwischen ihnen ausgebrochen, und es bedurfte nur eines Funkens, um den Haß zur Lohe zu entflammen.

Als der Seethaler ins Wirtshaus trat – es war längst nicht mehr das erste, das er am heutigen Tage besucht hatte –, saß Hans an einem Tische und zechte. Es ist Sitte, daß man eintretenden Bekannten »es bringt«, will sagen, daß man ihnen den Bierkrug zum Bescheid hinhält. Wäre der Seethaler nüchtern gewesen, so hätte er ohne Zweifel das Anerbieten stillschweigend angenommen, erstens um nicht Veranlassung zu unnützen Händeln und zweitens um dem Hans kein vorzeitiges Warnungssignal zu geben.

Allein die Wirkung des geistigen Getränkes begünstigte eine bedenkliche Aufrichtigkeit. Die höfliche Einladung wurde mit der Frage beantwortet: »Meinst du, ich trink' von einem Lumpen?« Worauf der Hans sich beeilte zu sagen: »Du elendiger Jager, was sagst du da, was kannst du mir beweisen?«

»Meinst du, ich trink' von einem Lumpen?« war die mit erhobener Stimme gesprochene Antwort des Seethalers.

»Du Tropf, wie kannst du so etwas sagen?« entgegnete Hans.

»So, und das denkst du vielleicht nimmer, wie ich dir vor vier Wochen droben am Trischübel abgelauert hab'? Mich hast freilich nit gesehen – aber das sag' ich dir, wenn wir wieder einmal zusammen kommen, dann kenn' ich einen der das Singen lernen soll!« schrie der Seethaler.

»O du Taubenjager«, rief Hans, »da ist mir nit bang' davor, gib nur Obacht, daß du nicht vor mir fertig wirst.«

»Du Lump«, brüllte der Seethaler im höchsten Zorn, »dich werd' ich treffen.«

Es stand Hans' Ansehen bei den Gästen auf dem Spiel, wenn er sich für das fortgesetzte Schimpfen des Seethalers nicht Genugtuung verschaffte. Er erhob sich deshalb rasch von seiner Bank, ergriff den Seethaler am Hals, schleifte ihn, nachdem er die Stubentür aufgerissen hatte, über die Schwelle und durch den Hausflur und warf ihn auf das Pflaster der Gasse, daß er auf der Nase lag.

Alles nahm für den Siegreichen Partei und verhöhnte den Jäger. Mit dem Rufe: »Das sollst du mir büßen!« entfernte sich dieser vom Schauplatz.

Einige Zeit später kam die Allerseelenwoche, die erste Woche des November. Diese wird von den Wildschützen gern zu Jagdausflügen benützt. In ihren Augen gilt das Wild, welches von unberechtigten Gewalthabern als ausschließliches Eigentum beansprucht wird, als gemeines Eigentum des armen Volkes und deshalb beschützen die »armen Seelen« um diese Zeit das Wild und den Schützen vor den schlimmen Jägern in Uniform.

Hans versah sich mit Schroten und Kugeln, die er an Weihnachten gegossen, und mit einem Blindschleichkopf, den er, ebenfalls in der Absicht, damit seinen Schuß unfehlbar zu machen, zu sich gesteckt hatte.

Aber der Seethaler war seinem Versprechen nicht untreu geworden. Er lauerte an der Watzmannscharte, nicht weit von der Kuhrointalm. Und siehe da! Von seinem Felsversteck aus sah er, wie drei Wildschützen von dem großen Schneefeld der »Scharte« gerade auf ihn zugingen. Der hinterste von ihnen war der Hans. Der mittlere trug einen Gemsbock.

»Halt!« schrie er hinter seinem Felsen hervor.

Die Wilderer aber beantworteten die Aufforderung damit, daß sie ihre Gewehre erhoben.

Dem Seethaler war es nicht um das Warten zu tun. Er feuerte den ersten Lauf seines Doppelgewehres ab, und der mittlere der Wildschützen, derjenige, der den Gemsbock trug, stürzte tot zu Boden, nachdem eine Kugel seinen Hals durchrissen hatte.

Der zweite Schuß galt Hans. Dieser Lauf war mit Schrot geladen und das Blei tat seine Schuldigkeit. Einige Schrote schlugen ihm die Zähne aus, andere drangen in den Gaumen und in die Luftröhre.

Der Dritte entwischte.

Der Hans stürzte über einen Hang, der ein wenig mit Gras bewachsen war. Die Schmerzen marterten ihn unbeschreiblich, doch wollte er zu seinem gefallenen Kameraden hinkriechen, um zu sehen, was aus ihm geworden war. Während dieses Kriechens aber überraschte ihn der Todeskampf.

Als nach zehn Stunden die vom Seethaler berufene Kommission hinauf kam, wurde er gefunden, wie er die Hand in seinen Zuckungen bis ans Gelenk in die Erde des Rasens hineingebohrt hatte. Seine Person wurde als solche erst erkannt, nachdem sie ihm den Ruß vom Gesichte abwuschen, mit welchem er sich als Wilderer unkenntlich gemacht hatte.

Nach dieser Tat entstand ein allgemeiner Schrei nach Rache. Acht Tage später hätte man an der nämlichen Stelle dreißig bewaffnete Wilderer sehen können, welche nicht auf Gemsen oder Hirsche, sondern auf denjenigen ausgingen, welcher über ihren Kameraden Hans einen so schmerzvollen Tod gebracht hatte.

Dieses Wild konnten sie indessen nicht mehr aufspüren, weil der Seethaler sofort in ein anderes Revier versetzt worden war.

Aber auch in diesem anderen Reviere dauerte es nicht lange, bis man von seinen Heldentaten hörte. – Einige Zeit darauf saß er dort in einem Wirtshause, als ein anwesender Bursch unter allerlei anzüglichen Redensarten ihn damit zu hänseln begann, daß er es gewesen sei, von welchem die Geschichte auf dem Watzmann erzählt werde.

»Und wenn's so ist, geht's dich vielleicht was an?« fuhr der Seethaler auf.

So gab ein Wort das andere, bis der Bursche, der sich ohne weiteres als Wildschütze bekannte, drei Bleikugeln aus seiner Tasche zog und sagte: »Unter den dreien wird wohl eine für dich sein!«

Und auf das hin schlugen sie einander in die Hand und wetteten, und der Wirt wurde als Zeuge ihrer Wette herbeigerufen.

Zwei Wochen später saß der Seethaler während der Kirchzeit an einem schönen Morgen draußen am Rande einer Lichtung und wartete auf einen Hirsch.

Die Glocken schollen eintönig herüber, und beim Anblicke des Schlages, in welchem sich nichts regte, empfand der Seethaler eine Anwandlung von Langweile. Da kam ihm der Gedanke: »Wie wär's jetzt, wenn der Tropf käme, mit dem ich gewettet habe?«

Und – kaum gedacht, da steigt einer über einen Zaun im Hag, die Schuhe hat er über die Achseln, damit ihn das Geknister zertretener Zweige oder das Rascheln des Laubes nicht verrate, das Gewehr in der Rechten – siehe da, es ist kein anderer als der Mann mit den drei Kugeln.

Ruhig ließ er ihn bis auf Schußweite nahe kommen, dann rief er: »Halt!« Und als der Wildschütze sofort auf den Ruf hin sein Gewehr erhob und sich umschaute, wohin er den Lauf zu richten habe, da scholl es ihm entgegen: »So, also da kommen wir zusammen?« und eine Kugel streckte den Wildschützen, indem sie ihm in die Stirne drang, tot nieder.

Der Seethaler ließ den Wilderer im offenen, sonnenbeschienenen Hag, in welchen die Kirchenglocken hereinsummten, liegen und ging fort, das Gericht in Kenntnis zu setzen. Er konnte es furchtlos tun, war doch sein Gegner nicht hinten, sondern vorne, in die Stirne getroffen worden, und das ist alles, was das

Gesetz verlangt. Man schickte einen Gendarmen hinaus, der den Getöteten bewachen sollte, bis die gerichtliche »Kommission« ankäme, welche den Tatbestand zu erheben hat. Der Seethaler aber duldete nicht, daß sich der Hüter des Gesetzes allein in der Nähe des Getöteten aufhalte. Es ist bei nachlässiger Bewachung vorgekommen, daß Kameraden des Opfers das Gewehr wegnahmen und es durch eine Holzaxt ersetzten – ja, daß sie dem Leichnam Stellungen der eigentümlichen Art gaben, um die Augen der »Kommission« zu täuschen und den Vorfall so hinzustellen, als sei der Getötete während irgendeiner friedlichen und sehr harmlosen Beschäftigung wehrlos ermordet worden.

So wachte der Seethaler mit dem Gendarmen die Nacht durch bei dem Toten. Die Kommission erschien, und durch das ärztliche Gutachten ging der Jäger frei aus.

Karl Stieler

AUF DER ALM II

Vor etwa hundert Jahren:
Romantik nahe den Wolken

Eine Alm gehört zu den glücklichen Dingen, welche bei jedermann beliebt sind: Jene etwa ausgenommen, die das Podagra (Fußschmerzen) haben. Von den meisten, die darüber geschrieben, wurden Einzelheiten geschildert: der eine nahm die Landschaft, der andere die Touristen; das jedoch, was das wichtigste ist, haben die meisten übergangen. Dies ist der tiefe Zusammenhang, den das ganze Kulturleben des Hochlandes mit dem Almenleben hat. Jedermann kennt den freien, aristokratischen Sinn, der die Männer des Gebirges auszeichnet; aber gerade dieser hat seine Wurzel auf den Bergen. Der Bauer des Flachlandes, auch wenn er noch so »groß« ist, behält immer etwas Beschränktes, etwas Schleppendes; man möchte sagen, etwas Flaches. Er klebt an der Scholle, und die Schranken seines Besitzes werden die unsichtbaren Schranken seines Charakters. Der Bauer des Gebirges trägt den Begriff des Eigentums auf die stolzesten Gipfel, und sein eigener Stolz wächst daran empor. In seinem Grundbuch stehen vielleicht fünfundzwanzig Tagwerk »Felsen«; und wenn dies auch für das Vermögen ein Schaden ist, so ist es doch ein Gewinn für seinen Charakter, denn etwas Felsenfestes ist damit in denselben hineingekommen!

Für uns ist es natürlich der landschaftliche Reiz, der uns die Almen in erster Reihe lieb macht. Denn in dem großen Städteleben tritt alles Leben der Natur zurück; der Mensch pariert gewissermaßen jeden Stoß der elementaren Gewalten. Die Natur ist von der Kultur gebändigt. Draußen aber entfaltet sie noch ihre alten heiligen Kräfte in fesselloser Schönheit und Grausamkeit. Mit stärkerem Schritt geht sie hier durch den Wechsel der Jahreszeiten, selbst die Tageszeiten sind intensiver ausgeprägt. Unangetastet von Menschenhand vollzieht sich das Werden und das Vergehen.

Nur auf den Bergen weiß man, was der Lenz bedeutet! Wenn es tiefer hineingeht in den Mai, dann hat die Sonne den blendenden Schnee hinweggesogen, und die Primel drängt sich hervor aus allen Ritzen. Unter den Tannen keimt das Moos, und auf dem höchsten Zweig, der ins Blaue ragt, zwitschert die Drossel. Noch tönt keine Menschenstimme, noch schreitet kein Menschenschritt über die Halde: Nur der Schmetterling sonnt sich auf ihrem Grün, nur die Natur spricht in ihren ewigen Lauten. Leise rieselt der volle Quell, leise knospen die Alpenrosen – überall ist die Seligkeit des Wiedererwachens! Ach, es liegt soviel Jugend in diesem Lenz, soviel Wunder in diesem Werden! Dann kommen die Tage voll tiefer, blauer Sommerglut: Hochgewachsen ist das Gras, wolkenlos ruht der Himmel über den weiten Landen – tief unten der See, ringsum die Wälder in schwülem, blauem Dufte. Alles ist erschlossen, die Tiefe der Schluchten und die Kelche der Blumen; es ist eine Fülle in der Natur, eine Wonne, eine schwelgerische Pracht!

Die Sennerinnen sind bekanntlich eine *partie honteuse* im Touristenleben, das heißt, sie sind nicht selten – häßlich. Allerdings gibt es auch solche, die blühen, wie ein lebendiges Alpenröslein, aber zum Besten der Sachverständigen liegen sie meist weit ab vom Wege, und bei den Alpenhütten macht Baedeker keine Sterne.

Da indessen die Schönheit vergänglich ist, so wollen wir bei derselben nicht zu lange verweilen, denn andere Dinge sind einer Sennerin nötiger. Das ist vor allem ein heiterer

Sinn und tüchtige Courage. Melancholische oder zaghafte Naturen kann man in dieser Einsamkeit nicht brauchen, wo alles auf die eigene Tatkraft gestellt ist. Wer soll helfen, wenn ein Mißgeschick droht? Das fühlen die Mädchen auch, und die Pflichttreue, mit der sie für ihre Tiere sorgen, mit der sie sich selber den Bestien subordinieren, hat manchmal etwas ganz Rührendes. Da gibt es keinen Unterschied zwischen Tag und Nacht, zwischen Regen und Sonnenschein; aus der tiefsten Schlucht holen sie das verirrte Kalb und pflegen es mit den zärtlichsten Worten. Deshalb war es auch ein richtiger Instinkt, daß man in Bayern die Almwirtschaft den Frauen anvertraute, denn sie haben mehr Zuneigung und größere Opferwilligkeit für ihre Schutzbefohlenen, ohne den Männern an Kraft und Entschlossenheit zu weichen.

In Tirol, wo die Almen in Händen männlichen Geschlechts sind, ist das Ergebnis der Viehzucht nicht besser. Diese Buschmänner, welche man »Stotzen« heißt, stellen die Spitze aller Unkultur dar. Es sind zottige, alte Burschen, deren Kleider zur Rinde geworden und deren Kauderwelsch über alle Linguistik oder Interpretation hinausgeht. An den Grenzgebieten kommen sie bisweilen in Kollision mit den Sennerinnen, rollen diesen die Milchkübel über den Berg hinab oder prügeln das Vieh in Ermangelung seiner Besitzer.

Beim Lichte betrachtet, ist das Leben einer Sennerin ziemlich eintönig, wenn sie nicht selber den Humor mitbrächte, um es pikant zu machen. Schon um zwei Uhr nachts wird aufgestanden, sobald die Kühe anfangen zu rumoren. Durch die Ritzen des Daches fällt das erste Tagesgrau; dann wird gemolken, und um vier Uhr knattert das lustige Feuer auf dem Herd. Weithin verläuft sich sodann die Herde und kehrt nicht wieder, bis es Abend ist. Nur an ganz heißen Tagen geht es umgekehrt, da ist das Vieh bei Nacht im Freien und über Tag im Stalle.

Unterdessen gibt es vollauf zu tun. Der große Kessel über dem Herde will gescheuert sein; Pfännlein und Milchgeschirr lauern auf eine sorgsame Hand. Auch ein paar Patienten sind fast immer im Stall; hier ein Ziegenbock, der sich bei einem galanten Abenteuer den Fuß verstaucht hat, dort eine Kuh, die an Magenkatarrh erkrankte und nicht an der grünen *Table d'hôte* erscheinen kann. Dieser wird ihr Frühstück aufs Zimmer verbracht; jener will kalte Umschläge über die Wunde haben. Da das Wasser oft weit von der Hütte entfernt ist, so muß jeder Eimer auf dem Kopfe herbeigetragen werden, was bei dem steilen Terrain auch nicht vergnüglich ist. Nur in günstigen Fällen ist der Brunnen nahe bei der Hütte und zeichnet sich dann häufig dadurch aus, daß er kein Wasser gibt. (...)

Nicht immer ist die nächste Umgebung einer Alm gerade gemütlich, denn gar oft geistert dort ein Kerl herum, der breite Knochen und spitze Hörner hat. Er ist der *Maître de plaisir* auf der Alm, er bestimmt die Richtung, wenn die Herde ihre Promenade macht, und konfisziert die Studien des Malers, wenn er seinen Feldstuhl am unrechten Ort aufstellt. Eifersüchtig wie ein Türke und grob wie ein Polizeisoldat, beherrscht er das Terrain und ersetzt die Überschrift: »Verbotener Eingang.« Dieser Kerl ist »der Stier«. Glücklicherweise ist er heute auf einer Dienstreise und so können wir ungehindert eintreten und das Innere der Alm betrachten. Es ist ein Bild berußter Einfachheit, der Rauch zieht durch das geschwärzte Dach, an der Wand lehnt der Bergstock und die kleine Holzaxt. Eng und traut sitzt das Fenster im Gebälk; nur die blaue Landschaft lugt herein durch den dunkelbraunen Rahmen. Unten im Souterrain liegt die Milchkammer, und wer die Falltüre übersieht, die nicht selten offen steht, der kann sich, ohne affektiert zu sein, den Hals brechen. Auch der Schatz wird nicht selten dort versteckt (der lebendige nämlich), wenn zur Unzeit eine Störung kommt.

Neben dem Mittelraum ist das Boudoir der Sennerin, ein enges, aber trauliches Gemach. In der Ecke thront der kleine Altar; ein Gebetbuch mit großen Lettern und ein paar geweihte Palmzweige sind hier niedergelegt; dann und wann noch ein Heiligenbild mit gewissen Reminiszenzen. Hinter der Türe hängt der Sonntagsstaat, und wenn die Sennerin vorübergeht, taucht sie die Hand in den kleinen Weihbrunnkessel. Dort steht auch ihr Bett, das bis an die Decke reicht und von ungeübter Seite nur mit dem Bergstock erstiegen werden kann. Der Name desselben ist »Kreister«; daß dieser zum Mittelpunkt der erotischen Lyrik ward, liegt auf der Hand.

Um die Wand aber läuft eine hölzerne Bank, und vor derselben steht ein krummbeiniger Tisch, der zugleich als Album oder Fremdenbuch benutzt wird. Unzählige Namen und Jahreszahlen sind in die Platte eingeschnitten von denen, die hier gejohlt und getanzt, geliebt und gesungen haben. Da die meisten Hütten über hundert Jahre alt sind, so finden sich viele berühmte Daten. Ich habe selber siebenzehnhundertneunzig gelesen, achtzehnhundertzwei und den zwölften Juli achtzehnhundertsechs. Hier oben hat also einer gejodelt, während unten das Deutsche Reich in Trümmer fiel! Der »Almbesuch« ist selbst für die Bauern eine wahre Passion; denn die Gastlichkeit dieser Regionen, so arm sie ist, hat einen besonderen Zauber. In der Woche kommen freilich nur jene hin, die ihr »Metier« auf den Bergen haben; am Samstagabend aber kommt der »Bua« und klopft an die kleinen Scheiben. Mit einem Ruck weicht der hölzerne Riegel und die kräftige Gestalt tritt lachend herein. Nachlässig wirft er einen Rucksack in einen Winkel, sorgsam lehnt er den Stutzen an die Wand; dann erst läßt er sich nieder vor dem kleinen Herde.

Am Sonntag ist auf der Alm »Gesellschaft«.

Von allen Nachbarhütten kommen die Mädchen zusammen im schmucken Mieder, im spitzen Hut. Wo der Wiesenhang am meisten hinausragt, dort setzen sie sich nieder, den kleinen Strickkorb an der Seite, plaudernd und singend. Nur selten sind sie allein; fast immer sind einige Burschen dabei, die Witze und Neuigkeiten aller Art mit sich führen. Weithin schallt ihr Gelächter, es schlägt eine unbezähmte Lebenslust aus diesen Gestalten!

Auf den hohen Almen bleibt das Vieh bis Mitte September, dann bezieht es die tiefer gelegenen, die man »Niederleger« heißt; dort weilt es in der Regel bis zum dritten Sonntag im Oktober, wenn es nicht durch den Schneefall früher vertrieben wird. Immer beschwerlicher wird nun das Amt der Sennerin, denn die Kühe müssen jetzt eine Gardedame haben. Da das Futter sparsam ist, so laufen sie weiter hinaus und hospitieren in den Staatswaldungen, bis ihnen die Forstgehilfen den Standpunkt klarmachen. Endlich geht es zu Tal. Die Herde ist mit grünen Reisern geschmückt; die Sennerin trägt ihren Sonntagsstaat, denn auch die Heimkehr ist ein Feiertag. Kein Kalb hat sich »erfallen«, selbst der Geißbock ist wieder hergestellt und geht gravitätisch hinterdrein – »im Bewußtsein seines Wertes«. Wenn sie unten ankommen, wartet der Bauer vor dem Hause und hält Generalversammlung. Die Kinder aber jubilieren, und dann kommt der alte Stall, die alte Krippe und dann die Wintertage. *Après nous le déluge*: jetzt kann es oben losgehen auf der Alm, bis das Dach davonfliegt!

Unten in der breiten Wohnstube aber sitzt die Sennerin beim Rocken. Der Ofen knistert, die Nachbarinnen kommen »zur Kunkel«, und während gesponnen wird, tönt manches helle Almenlied dazwischen. Und nicht nur im Winter, selbst im Alter noch behalten diese Erinnerungen ihre Kraft; das Mütterlein, das schweigend bei der Arbeit weilt, es hatte keine schönere Zeit im Leben, als da sie Sennerin gewesen – auf der Alm.

Quellennachweis

Mark Twain, Die Besteigung des Riffelbergs, aus: Mark Twain bummelt durch Europa, München 1967
Heinrich Noé, Im Vorzimmer der Berge, aus: Deutsches Alpenbuch, Glogau o. J.
Franz Nieberl, Eignung zum Klettern, aus: Das Klettern im Fels, München 1921
Alexander von Humboldt, Zum Gipfel des Chimborazo, aus: A. v. H., Kleinere Schriften, 1. Band, Stuttgart 1853
Johann Wolfgang von Goethe, Montblanc – Montenvers, aus: J. W. v. G., Briefe an Frau von Stein, Weimar 1857
Jost Perfahl, Die Teufelsbrücke, aus: Die schönsten Bergsteigergeschichten der Welt, München 1984
Bettina von Arnim, Ankunft in Salzburg, aus: Goethes Briefwechsel mit einem Kinde, Berlin 1853
Ludwig Steub, Auf der Alm I, aus: L. S., Sommer in Oberbayern, München 1960
Friedrich Nietzsche, Sils Maria, aus: F. N., Briefe, München 1940

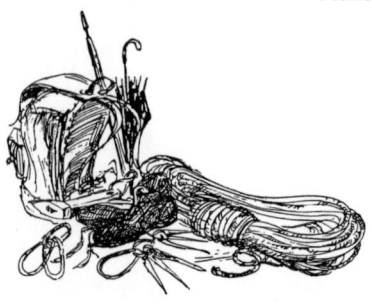

Titus Livius, Hannibal zieht über die Alpen, aus:
T. L., Römische Geschichte, Stuttgart 1833
Francesco Petrarca, Die Besteigung des Mont Ventoux, aus: Viktor von Scheffel, Reisebilder, Stuttgart 1907
Stefan Frühbeis, Grußpflicht am Berg, aus: Bayrischer Rundfunk: Rucksackradio, 5. 5. 1990
Ätheria von Aquitanien, Der Berg Gottes, aus: Pilgerreise der Ätheria von Aquitanien nach Jerusalem und den heiligen Stätten vom Jahre 385 n. Chr., Essen 1919
Jost Perfahl, König Watzmann, aus: Die schönsten Bergsteigergeschichten der Welt, München 1984
Johann Sporschil, Wanderungen durch die sächsische Schweiz, Leipzig o. J.
Josias Simler, Die Gefahren der Alpen, aus: J. S., Die Alpen, © Carta Verlag, Zürich 1984
Hias Rebitsch, In der Goldkappel-Südwand, aus: Reinhold Messner, Grenzbereich Todeszone, © Verlag Kiepenheuer & Witsch, Köln 1978
Roger Gerhardy, Bei den Patenkindern des Himmels, aus: Maria vom guten Rat
Leonardo da Vinci, Auf dem Monboso, aus: Leonardo, der Denker, Forscher und Poet, Leipzig 1904
Ulrich Aufmuth, Der Technokrat, aus: U. A., Die Lust am Aufstieg: was die Bergsteiger in die Höhe treibt, © Drumlin Verlag, Weingarten 1984
Wilfried Schwedler, Die Himmelsstürmer, aus: Maria vom guten Rat
Heinrich Noé, Der Mordskerl und der Wilderer, aus: Deutsches Alpenbuch, Glogau o. J.
Karl Stieler, Auf der Alm II, aus: Der Oberbayrische Fest-Täg- und Alte-Bräuch-Kalender 1989

Die Deutsche Bibliothek – CIP-Einheitsaufnahme

Kleine Geschichten für Bergfreunde
gesammelt von Stefan Frühbeis und
Roger Gerhardy.
Stuttgart, Engelhorn Verlag, 1991
(Engelhorn-Bücherei)
ISBN 3-87203-108-2

© 1991 Engelhorn Verlag, Stuttgart
Alle Rechte vorbehalten
Lektorat: Renate Jostmann
Typografische Gestaltung: Brigitte Müller
Satz: Uhl + Massopust GmbH, Aalen
Druck und Bindearbeiten: Clausen & Bosse, Leck
Printed in Germany